hermann r. lehner

DAS GROSSE BLENDWERK

wie gedanken und erinnerungen uns täuschen

Omega

1. auflage september 2005

isbn 3-930243-35-0

lektorat: gisela bongart

coverdesign, buchblock, illustrationen* und satz:
hermann r. lehner

coverbild: martin meier

druck:
finidr, s.r.o., český těšín, tschechische republik

Omega® verlag, gisela bongart und martin meier (gbr)
d-52080 aachen | karlstr. 32
tel: 0241-168 163 0 | fax: 0241-168 163 3
e-mail: info@omega-verlag.de
www.omega-verlag.de

bibliografische information der deutschen bibliothek

die deutsche bibliothek verzeichnet diese publikation in der deutschen nationalbibliografie; detaillierte bibliografische daten sind im internet über http://dnd.ddb.de abrufbar.

* unter verwendung von grafiken der totem graphics inc. – www.gototem.com

Ich möchte mich an dieser Stelle bei allen Menschen bedanken, die mich während des Schreibens meiner Bücher so hartnäckig mit dem „Schreib-Handwerk" vertraut gemacht haben (ein äußerst duldsamer Drehbuchautor ist an mir beinahe verzweifelt, eine engagierte Be-Herrscherin der deutschen Sprache verbrauchte einen ganzen Satz Korrekturstifte – bei der rigorosen Werbetexterin war ich jetzt schon verständiger).

Weder ***Was suchst du?*** noch ***Das große Blendwerk*** würden in dieser Form existieren, hätten nicht die drei oben Genannten schon in der Konzeptionsphase alle Hände und Füße im Spiel gehabt.

Wer kennt sie nicht, die optischen Täuschungen, die man erst durchschaut, wenn man die Art zu schauen wechselt. Man sieht dann zwar immer noch, was man zuvor gesehen hat, vergisst aber nie wieder, dass noch ein anderes Bild dahinter steckt. Auf ganz ähnliche Weise versuche ich hier, dem Leser eine völlig andere Sicht der Dinge zu vermitteln.

Ich habe ***Das große Blendwerk*** geschrieben, weil ich einer größeren Zahl von Lesern – vor allem auch solchen ohne spezielle religiöse oder spirituelle Ambitionen – Erkenntnisse der alten indischen Philosophie zugänglich machen möchte, die in verblüffender Weise von den neuesten Forschungsergebnissen der heutigen Natur- und Geisteswissenschaftler bestätigt werden.

Teile dieser Erkenntnisse begleiten uns seit Jahrhunderten: zum Beispiel in den Werken großer Dichter, Philosophen und Humoristen. Ich kann „meine" Art der Erfahrung zwar beschreiben, wie es aber zu diesen Erkenntnissen gekommen ist, kann ich nicht erklären. Sie sind einfach passiert.

Hermann R. Lehner, im Frühling 2005

Gewöhnlich glaubt der Mensch,
wenn er nur Worte hört,
es müsse sich dabei doch auch was denken lassen.

[Goethe]*

* Faust

Denk–Fehler

Das sind die Weisen,
Die durch Irrtum zur Wahrheit reisen.
Die bei dem Irrtum verharren,
Das sind die Narren.

[Friedrich Rückert]

Ein heißer Tag in einer Westernstadt.

Du schlenderst die Hauptstraße entlang und bekommst Durst. Vor dir siehst du einen Saloon und in deinem Geist entsteht ein Bild, wie es innen wohl aussehen mag.

Also gehst du auf den Saloon zu und öffnest die Tür.

SALOON
I WANT BEER
SALOON

Welch ein Schreck! Da ist kein Raum, keine Bar und nach Bier riecht es hier auch nicht. Nur die gähnende Leere einer Wüstenlandschaft schaut dir ins Gesicht.

Du gehst ein paar Schritte weiter und drehst dich dann um.

Nichts als leere Fassaden – ein Potemkinsches Dorf! Du bist auf eine Täuschung hereingefallen.

Und trotzdem! Wann immer du wieder einmal vor einem Saloon stehst, werden in deinem Geist Vorstellungen entstehen, wie es dahinter aussehen könnte. Und du wirst hoffen, dass es dort auch Bier gibt (obwohl du jetzt weißt, dass es auch anders sein könnte).

SALOON

Was immer wir sehen, ist nur ein „Bild“ – von Moment zu Moment neu. Was immer wir dabei glauben zu wissen und so darüber denken, ist nur eine Schlussfolgerung, entstanden aus dem Gesehenen *und* der Erinnerung.

Was wir heute als richtig oder wahr annehmen, mag sich vielleicht schon morgen ins Gegenteil kehren.

Was also wissen wir jemals wirklich?

Nix G'naues weiß man ned!

[Volksweisheit]

Jetzt

Die Welt existiert nur in Ihrem Denken.

[Sri Nisargadatta Maharaj]*

* Weisheiten von Nisargadatta Maharaj

Was passiert eigentlich, wenn wir uns ein Daumenkino anschauen? Kaum hat man das erste Bild gesehen, ist es auch schon als *Erinnerung* gespeichert.

Wir blättern zum nächsten Bild und auch das wird augenblicklich als *Erinnerung* gespeichert.

Sind wir mit dem Büchlein durch, haben wir alle Bilder als *Erinnerung* gespeichert.

Die Erinnerung an jedes Bild beinhaltet auch ein Zeitempfinden pro Bild. Was nichts anderes bedeutet, als dass wir die Bilder in eine gesehene Reihenfolge einordnen. Das Gefühl von Dauer entsteht.

Blättern wir das Daumenkino schnell genug durch, erleben wir die Illusion von Bewegung, die Täuschung des Werdens und Vergehens – einen scheinbaren Film.

Die Welt, wie wir sie täglich wahrnehmen, speichern wir ebenfalls als *Erinnerung* ab. Bild für Bild – mit allen Informationen der verfügbaren Sinneswahrnehmungen. Die Welt und unser Leben sehen demnach wie ein sich vorwärts bewegender Film aus.

Was wir aber von Augenblick zu Augenblick tatsächlich sehen, ist nur jeweils ein einziges Bild. Die Bilder, die wir zuvor gesehen haben, sehen wir *jetzt* nicht mehr. Dennoch existieren sie in unserer Erinnerung weiter. Aber eben nur als *Erinnerung*!

Was wäre, wenn wir uns an die zuvor gesehenen Bilder nicht eine Tausendstelsekunde lang erinnern könnten? Dann würde Zeit für uns nicht existieren.

Weil Zeit nichts anderes als ein Teil unserer Erinnerung ist. Lediglich die Abfolge von gespeicherter Wahrnehmung lässt in uns die Illusion von Bewegung entstehen.

Wir gehen durchs Leben und sammeln mit jedem Bild Erinnerungen. Auch unsere Empfindungen werden dabei gespeichert.

Wir werten diese Bilder entsprechend des Erlernten, unserer Erfahrungen und Empfindungen aus und geben ihnen dann das Prädikat „angenehm“ oder „unangenehm“. Die damit verbundenen körperlichen Anstrengungen und Sensationen – egal, ob sie nun als positiv oder negativ gewertet wurden – werden katalogisiert. In Verbindung mit der Vorstellung von Zeit entsteht dabei die Illusion von Entfernung. Und damit die Vorstellung von Raum.

Die Erinnerung an die Bewegungen eines beliebigen Objektes – das gedankliche Zurückgreifen auf das Erlebte – startet bei jedem neuen Bild eine Art geistige „Berechnung“, die Entfernungen misst bzw. einschätzt und dadurch die Vorstellung von Raum aufrechterhält.

Wann immer wir etwas sehen, haben wir augenblicklich eine Vorstellung davon, wie weit das Gesehene von uns entfernt ist.

Und doch ist unsere Vorstellung von Raum nur etwas, das da-vor-gestellt wurde. Erinnerung nämlich!

Was könnten wir noch wahrnehmen, würde unsere Erinnerung sofort wieder verblassen?

Einfach ein Bild. Ohne Raumempfinden. Ohne Zeitempfinden. Vollkommen frei von jeder Bewertung!

Erinnerungen sind Gedanken, die wie alle Gedanken nur im *Jetzt* gedacht werden. Raum und Zeit sind nichts anderes als das gedankliche Grundgerüst, in das wir unsere Gedanken hinein „spinnen" können.

Weil mit dem Ende jeglicher Erinnerung und damit dem Beenden allen Denkens – wenn auch nur zeitweise, wie wir es jeden Tag beim Einschlafen erleben – auch die Vor-Stellung von Raum und Zeit endet. Was dann bleibt ist nur noch die Ewigkeit des Raum- und Zeitlosen. Das ewige *Jetzt*.

Nehmen wir zum Vergleich den Ring aus Rauch, der von einem Zigarrenraucher in den Raum geblasen wurde. Man sieht die Form des Ringes, der durch das Zimmer wandert, bis er sich wieder in Luft auflöst.

Aber was sieht man wirklich? Alles, was man sehen kann – ist Rauch. Der Ring ist nur eine Form. Man kann sagen, dass es nur Rauch gibt, der *in Form* eines Ringes sichtbar geworden ist. Vermischt sich der Rauch wieder mit der umgebenden Luft, ist der Ring – die Form also – verschwunden!

Wir können nur dann etwas wahrnehmen, wenn die Objekte unserer Wahrnehmung durch eine äußere Form (wie der Ring des Rauchs) „zusammengehalten" werden. Und zusammengehalten werden unsere *Vor-Stellungen* durch die Idee von Raum und Zeit.

Was wir wahrnehmen ist das, was als die Welt bezeichnet wird, die aus Materie in ihren vielfältigen Formen besteht. Seit Einsteins Relativitätstheorie weiß man, dass Raum und Zeit nicht unabhängig voneinander sind („Raum-Zeit-Kontinuum"). Und dass Raum und Zeit nicht unabhängig von Materie existieren können. Wahrnehmung bedingt also Materie *und* Raum und Zeit als voneinander abhängige Faktoren. Verschwindet einer davon, verschwinden die anderen auch. Dann befinden wir uns in Bewusstlosigkeit – frei von Wahrnehmung, frei von Zeit, frei von Raum.

Früher hat man geglaubt,
wenn alle materiellen Dinge aus dem Weltall verschwinden,
so blieben nur noch Raum und Zeit übrig;
nach der Relativitätstheorie aber verschwinden
Zeit und Raum mit den Dingen.

[Albert Einstein]*

* Einstein – Eine Biografie

Größenwahn

„Stahlkassette mit getrockneten Sonnenstrahlen, dieselben können wegen Lichtempfindlichkeit nicht gezeigt werden.“

[Objektbeschriftung im Karl Valentin Panoptikum – um 1940]*

Stellen wir uns eine Szene in einem Bauernschwank vor:

Drei lustige Gesellen in der Stube führen einen Dialog. Die Uhr zeigt auf 17:00 Uhr. Sie beschließen, einen heben zu gehen und verlassen die Bühne. Ende des Akts. Vorhang fällt.

WE WANT BEER

Fünf Minuten später geht der Vorhang wieder auf. Der nächste Akt beginnt.

Nun ist es auf der Bühnenuhr 22:00 Uhr und die Beleuchtung wirft diffuses Licht. Die drei kommen sternhagelvoll und lallend zur Tür herein.

Es wird uns suggeriert, dass sie die letzten fünf Stunden in der Kneipe verbracht haben und sich voll laufen ließen.

Was aber ist wirklich passiert? Nichts – außer fünf Minuten Theaterpause!

Dennoch werden wir folgende Bilder in unserem Geist sehen: das Gasthaus, wie es ausgesehen hat, wie die drei einen Humpen nach dem anderen gestülpt haben usw. Selbstverständlich haben wir den *Eindruck*, dass das alles passiert sein muss.

Es gibt weder das Gasthaus, noch den Weg dorthin. All das entsteht nur in unserem Geist. Geboren aus Erinnerungen und angestoßen vom Drama auf der Bühne.

WE WANT BEER

Ein Mann besucht seinen Freund. Der schaut aus dem Fenster und sieht das Nummernschild des Autos. Es ist in Berlin zugelassen. Und sofort fällt ihm ein, wo Berlin liegt, wie weit es weg ist, wie es aussieht usw.

Existiert Berlin im *Jetzt* tatsächlich für ihn? Nein, natürlich nicht.

Alles, was der Freund in diesem Moment über Berlin weiß, entspringt *nur* seinem Gedächtnis. Es ist *ausschließlich* die Betrachtung seiner Gedanken, die Berlin im *Jetzt* für ihn existieren lässt.

Ob Berlin im *Jetzt* tatsächlich existiert, kann er sich selbst nicht beweisen, weil er es nicht unmittelbar wahrnehmen kann.

Fährt er selbst nach Berlin, so wird – zumindest ist das sehr wahrscheinlich – Berlin in seinem Bewusstsein im *Jetzt* erscheinen. Ob dann aber sein Heimatort auch noch existiert, kann er sich jetzt nicht mehr beweisen. Er kann es nur *annehmen*!

Und jede Aussage eines anderen darüber ist und bleibt für den Moment *nur* „Hörensagen".

B - AA 1111

Die Welt ist niemals größer, als man sie gerade wahrnimmt. Jeder Teil des Universums, der im *Jetzt* nicht unmittelbar wahrgenommen wird, kann existieren oder auch nicht.

Jede Annahme über die Existenz von etwas, das im *Jetzt* nicht unmittelbar „erfahren" wird, ist und bleibt reine Spekulation. Mögen wir es als noch so wirklich annehmen.

**... doch tatsächlich wissen Sie nur, was in Ihrem Bewusstsein ist.
Was Ihrer Meinung nach außerhalb unserer bewussten Erfahrung existiert,
ist eine Schlussfolgerung.**

[Sri Nisargadatta Maharaj]*

* Ich bin

Zugabe

Er denkt soviel, solche Leute sind gefährlich.

[William Shakespeare]*

*Julius Cäsar

So sehen wir die Welt.

WAHRNEHMUNG

Wir glauben, eigenständig handelnde Wesen – lauter "Ichs" – zu sein.

ICH
WAHRNEHMUNG

Demnach nehmen wir an, wir hätten – oder sind – einzelne Seelen. Und glauben, ein eigenes, selbstbestimmtes Leben zu führen.

VORSTELLUNG
ICH
WAHRNEHMUNG

Selbstverständlich halten wir alle anderen ebenfalls für eigenständige und selbstbestimmte Wesen oder Seelen. Sie erscheinen als getrennt von uns. Sie sind unsere Freunde und unsere Feinde. Manche sind vielleicht einfach nur Fremde. Für uns gibt es „Ich“ und „Dus.

VORSTELLUNG
DU
DU
DU
ICH
WAHRNEHMUNG

Vielleicht nehmen wir sogar eine existierende höhere Macht an. Oder eine unbekannte Kraft, die alles regelt. Glauben gar an einen Gott, an einen uns unbekannten Schöpfer, an Brahman, oder ...

VORSTELLUNG
GOTT
DU
DU
DU
ICH
WAHRNEHMUNG

Selbstverständlich nehmen wir auch an, dass alle anderen – genau wie wir – ebenfalls eigenständig denken und handeln würden. Dass sie eigene Gedanken, Meinungen und Vorstellungen haben.

VORSTELLUNG
VORSTELLUNG
GOTT
VORSTELLUNG
DU
DU
DU
ICH
WAHRNEHMUNG

Was aber nehmen wir wirklich wahr? Nur sprechende und handelnde Figuren.

Wenn die sagen, sie würden denken und entscheiden, so sieht das durchaus glaubwürdig aus. Weil wir nämlich auch denken, wir würden selbst denken und entscheiden.

Aber wer denkt da eigentlich? Ist es nicht vielmehr so, dass wir gar nicht denken (im Sinne einer Handlung), sondern dass uns Gedanken „einfallen“ – dass sie uns quasi „überfallen“, wir sie aber immer im Nachhinein als unsere deklarieren?

Tatsächlich nehmen wir Handlungen, Worte und Gedanken nur wahr.

Stellen wir uns nur mal vor, alle anderen – und vielleicht auch du – wären geschickt getarnte Roboter aus einer fernen Zukunft. Würden diese nicht genauso agieren?

Die Seelen hinter den Figuren oder die angenommene Eigenständigkeit der einzelnen Wesen, auch ein Gott oder eine fremde Macht – all das befindet sich nur in unserer Phantasie!

Weil wir glauben, wir wären eine Seele – ein Einzelwesen, getrennt von den anderen.

VORSTELLUNG
GOTT
VORSTELLUNG
VORSTELLUNG
VORSTELLUNG
DU
DU
DU
ICH
WAHRNEHMUNG

Was passiert, wenn du der tatsächlichen Wahrnehmung nicht länger deine Vorstellungen hinzufügst? –

Verweigere doch einfach einmal deinen bisherigen Vermutungen über dich und die Welt die Realität.

VORSTELLUNG
DU?
DU?
DU?
ICH?
WAHRNEHMUNG

Was bleibt dann? Ich? Du?

Was bleibt, ist die Wahrnehmung dessen, *was ist!*

Wenn wir uns ein Theaterstück ansehen, haben wir selbstverständlich den Eindruck, dass die Schauspieler auf der Bühne ihre Rollen so spielen, als würden ihre Handlungen und Worte aus freien Stücken und spontan aus ihnen herauskommen. Denn das soll uns ja schließlich suggeriert werden. So wollen wir es erleben und genießen. Trotzdem wissen wir ganz genau, dass alle Figuren nur den vorgegebenen Handlungen und Texten des geschriebenen Dramas folgen müssen.

Was macht uns eigentlich so sicher, dass wir alle nicht ebenfalls – wenn vielleicht auch völlig unbemerkt – einem einzigen „Drama" folgen? Was, wenn wir tagaus, tagein von den Umständen getrieben werden und es nie bemerken?

Muss es uns nicht merkwürdig vorkommen, dass wir glauben, wir könnten aus freien Stücken handeln, wenn das Leben uns doch tagtäglich das Gegenteil beweist? Wir wollen dies und jenes, unsere Vorstellungen erfüllen sich aber eher zufällig. Nie wissen wir wirklich, wann und ob sich ein Wunsch oder eine Angst erfüllt. Manchmal sind wir uns sicher, meistens zweifeln wir aber. Wir haben uns den Tag unserer Geburt nicht ausgesucht und wir kennen auch den Tag unseres Todes nicht.

Es muss uns im Grunde genommen klar sein, dass wir nicht die Herren unseres Lebens sind. Dennoch entwickeln wir phantastische Vorstellungen darüber, wie wir das Leben doch endlich in den Griff bekommen würden. Wir kreieren *Vor-Stellungen*. Flüchtige Bilder – Gedanken also, die doch im gleichen Moment schon wieder zu unwirklichen *Erinnerungen* geworden sind. Und trotzdem halten wir an ihnen fest.

**Über meinen Geburtstag weiß ich sehr wenig ... Das ist schon lange her!
Von der ersten Erblickung der Welt weiß ich gar nichts.
Daß ich sofort die Welt erblickte habe, ist nicht gut möglich –
höchstens das Geburtszimmer.**

[Karl Valentin]*

Fliegender Holländer

Nichts ist wirklich hier,
und doch erzeugt es ein solches Durcheinander!

[Sri Nisargadatta Maharaj]*

* Weisheiten von Nisargadatta Maharaj

Einer Sage nach soll die Fee Morgana, die Halbschwester von König Artus, ihre geheimnisvolle Macht der Luftspiegelung auf ahnungslose Menschen ausgeübt haben. Schon vor Hunderten von Jahren hat sie, den Erzählungen zufolge, in der Strasse von Messina die Seefahrer in Angst und Schrecken versetzt. Und gerne werden die unglaublichsten Geschichten in phantasievoller Ausschmückung weitergegeben. Geschichten, bei denen Seefahrer aus aller Welt Geisterschiffe erblickten, die weit entfernt, ja sogar umgekehrt weit oben am Himmel ihr erschreckendes Unwesen trieben. Selbst die abendländischen Geschichten des fliegenden Holländers oder des Klabautermannes gehören zum Standardrepertoire der Legendenerzähler.

Tauchen wir für einen Moment in die erfundene Welt jener Menschen ein, die vor langer Zeit vielleicht in der Gegend um Messina wohnten und nichts über das Phänomen der Luftspiegelung wussten.

Diese Menschen sahen am Himmel fliegende Schiffe. Niemand konnte sich das erklären. Die Alten berichteten recht überzeugend von Geistern, Fabelwesen und fremden Mächten, die über sie herrschen wollten. Diese Mächte würden von Zeit zu Zeit in Schiffen am Himmel erscheinen, um damit den Menschen verschlüsselte Botschaften zu übermitteln, sie zu warnen oder zu bedrohen.

Mit der Zeit mag es einzelne Menschen gegeben haben – Wissenschaftler vielleicht –, die diesen Ansichten nicht folgen wollten. Sie forschten, machten Berechnungen und stellten Thesen auf.

Je glaubwürdiger eine These war, desto leichter wurde sie angenommen. Auch wenn sie nicht alles erklären konnte. Vielleicht nahm man an, dass es eine Kraft gibt, die ähnlich der Schwerkraft in umgekehrter Weise wirkt. Man könnte beispielsweise vermutet haben, dass ein Schiff, das während eines Sturmes und bei hohem Seegang kurzzeitig jede Berührung mit dem Wasser verloren hatte, von dieser Kraft einfach angesogen wurde und nun im Himmel weiterfahren musste. Schließlich werden ja auch am Boden liegende Blätter lange und weit durch die Luft gewirbelt, wenn der Wind sie einmal vom Boden abgehoben hat.

Astronomen haben vielleicht die Bewegungen der Sterne berechnet, um herauszufinden, ob es sich um Kräfte handeln könnte, die sich vorausberechnen ließen. Um so vorhersagen zu können, wann solche Schiffe am Himmel erscheinen werden.

Was immer diese Menschen taten, sie versuchten durch wissenschaftliche Berechnungen, durch Überlegungen oder durch Glaubenssätze stichhaltige Erklärungen für das Erscheinen der seltsamen Luftschiffe zu finden. Und doch konnte keine Berechnung und keine These je einen endgültigen Beweis für ihre Richtigkeit liefern.

Das Rätsel um die Schiffe am Himmel blieb also.

K
t
S
C
D
1. ∠r = ∠t
2. ∠S = ∠t
3. ∠r = ∠S

Und es mag Menschen gegeben haben, die tief an die verbreiteten Horrorgeschichten der alten Legenden geglaubt haben und regelrechte Panikattacken bekamen, wann immer ein Schiff am Himmel auftauchte.

Andere hilfsbereite Menschen fanden glaubwürdige Erklärungen, an die sie auch selbst glaubten, und boten nun den anderen ihre psychologische Unterstützung an.

Sie ließen zum Beispiel diese Menschen kleine Schiffe basteln und mit ihnen spielen, damit sie ihre Angst vor den Himmelsfahrzeugen verloren.

Andere Helfer setzten sich, wenn ein Schiff am Himmel auftauchte, vielleicht mit ihren *Patienten* zusammen und ließen diese dann immer wieder die Szene aufmerksam beobachten, bis sie ihre Angst verloren.

Wieder andere erklärten möglicherweise, dass die Mächte, die diese Schiffe am Himmel vorbeifahren ließen, nichts Böses tun würden, solange man selbst keine Sünde begehe. Und erklärten „ganz im Sinne dieser Mächte", was denn Sünde sei. Oder dass man diese Schiffe verehren und zu ihnen beten solle, da sie die sichtbaren Repräsentanten einer höheren Macht darstellten.

All das geschah, weil man nicht wusste, dass ein einfaches, harmloses und natürliches Phänomen – eine Luftspiegelung – die Ursache war.

Die Schiffe am Himmel existierten nie wirklich. Alles was die Menschen am Himmel sahen, war eine Erscheinung!

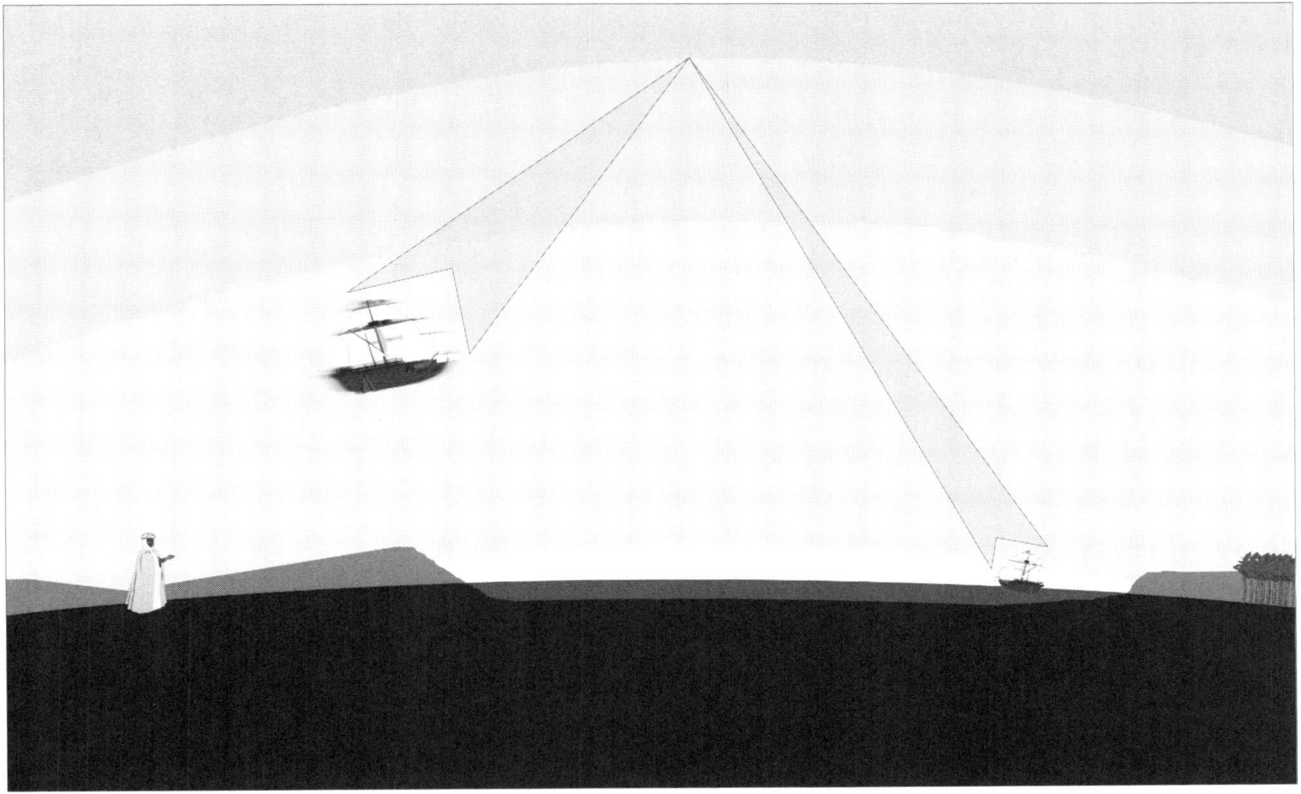

Auch ein nächtlicher Traum ist nichts anderes als eine *Erscheinung*. Wir kennen weder die Ursache noch den Träumenden wirklich (oder kann einer von uns in seinem Traum Regie führen bzw. den Ablauf bestimmen?).

Ein nächtlicher Traum entsteht einfach aus dem Nichts heraus. Die Welt, die wir dabei erleben, musste nicht Millionen Jahre reifen. Sie erscheint einfach so, wie sie gerade geträumt wird. Und wir, als Traumfiguren mittendrin, mussten auch nicht erst als Traum-Embryo schlüpfen, um in dieser Traumwelt etwas zu sein. Der Traum beginnt und wir sind schon erwachsen und fertig zum Handeln. Weil ein Traum eben einfach nur eine Erscheinung ist. Wie eine Fata Morgana! Er kommt und er geht. Sobald wir aus dem Traum erwachen, wissen wir das ganz genau.

Kann es nicht sein, dass diese Welt einfach auch nur eine zeitweise Erscheinung ist? Etwas, das uns *nur* erscheint? Überfällt sie uns nicht einfach am Morgen und verschwindet am Abend wieder? Wachen wir wirklich am Morgen auf oder könnte es vielleicht genau anders herum sein: Die Welt erscheint uns?

Wenn wir jetzt einschlafen und nie wieder aufwachen würden, wo bliebe für uns diese Welt? Sie wäre für immer verschwunden. Wie ein nächtlicher Traum.

Du nennst es einschlafen.
Ich nenne es das Erlöschen der Welt.

Du nennst es aufwachen.
Ich nenne es das Erscheinen der Welt.

Reingefallen

Einbildung ist das ganze Leben.

Es ist das uns so wertvoll erscheinende begriffliche Denken, mit dem wir uns selber „austricksen“ und in die Irre führen.

Nehmen wir als Beispiel das Wort „Loch“. Die spontane Antwort auf die Frage, ob wir jemals ein Loch gesehen haben, wird ziemlich sicher „ja“ sein.

Aber was sehen wir wirklich, wenn wir ein „Loch“ betrachten? Wir sehen nichts. Leere! Was wir wahrnehmen, ist die Umrandung – beispielsweise in einem Käse.

„Da ist ein Loch“ hat die Bedeutung „da ist nichts Vorstellbares“. Und etwas, das man sich nicht vorstellen kann, existiert auch nicht im Denken.

Die Vor-Stellung von „Etwas“ beim Betrachten eines Lochs ist irreführend. Nicht das Loch kann vor-gestellt werden – obwohl man glaubt, man würde es sich vorstellen –, sondern lediglich das „Fehlen“ der Leere. Wir nennen dieses „Fehlen“ dann: ein Objekt!

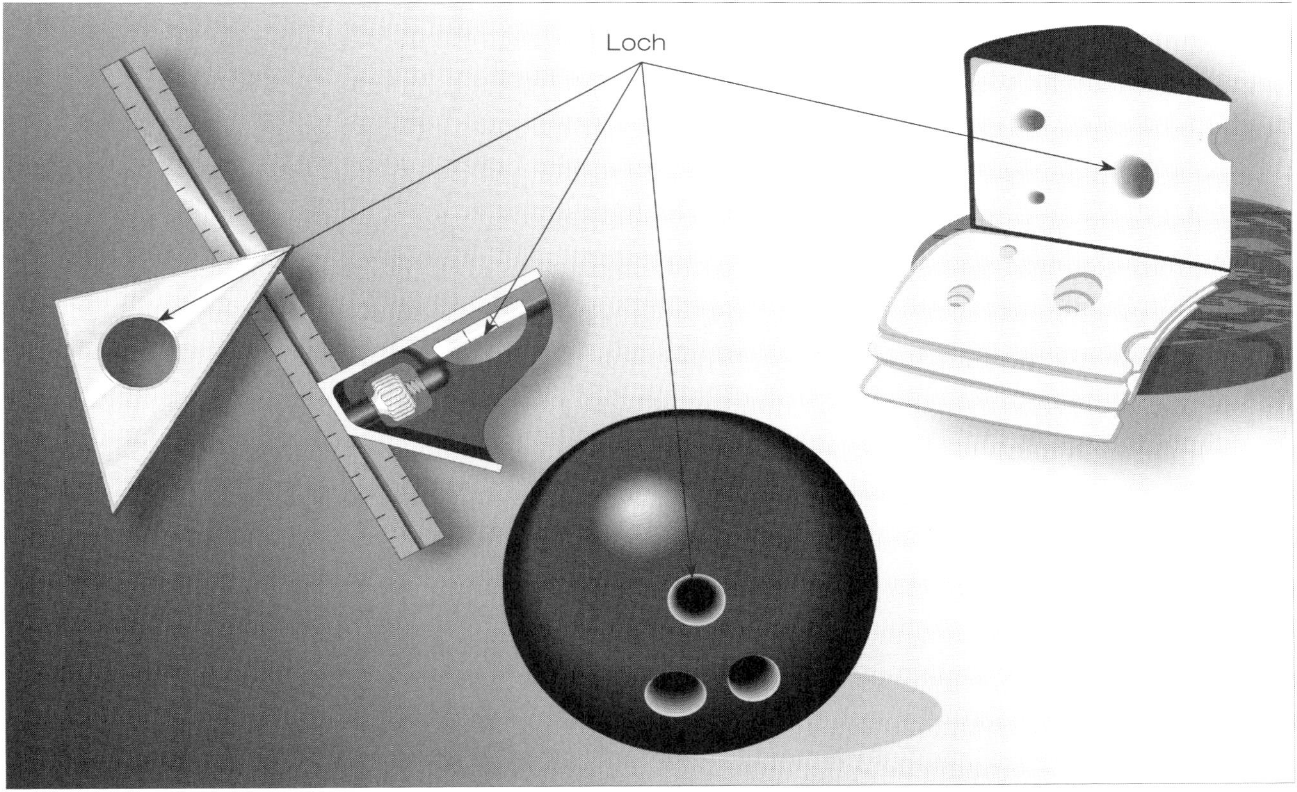
Loch

Stellen wir uns ein Erdloch vor – genauer seine Umrandung –, die sich kontinuierlich in alle Richtungen vergrößert.

Wenn die Umrandung und auch der Boden des Lochs aus unserer Sicht verschwunden sind, bleibt nichts mehr. Außer einer unendlichen *Leere*. Und die ist nicht mehr vor-stellbar.

Das Objekt in diesem Beispiel ist nicht das Loch, sondern die Erde drum herum. Verschwindet das Objekt, verschwindet auch die Vor-Stellung des Objekts. Denn Objekte sind der *Leere* (da-) vorgestellt.

Diese *Leere* – für den Verstand einfach: *Nichts* – ist die nicht messbare und doch ständig erfahrbare Basis, auf der die sichtbare Welt in Form einer Illusion – einer gedanklichen Täuschung – *erscheint*. Sie ist die „Leinwand", auf der der „Film des Lebens" abläuft, die mathematische Null (0) und die mathematische Unendlichkeit (∞).

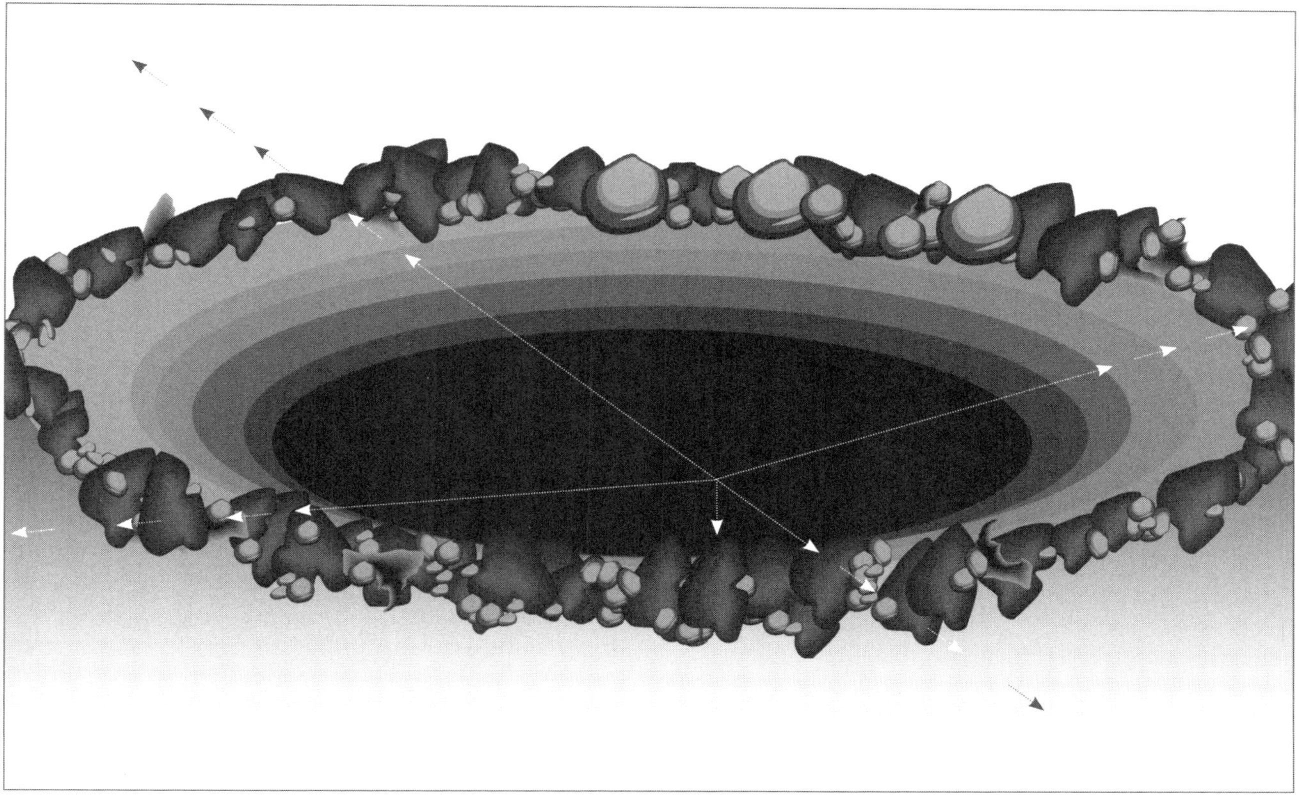

Wenn wir das Erdloch – die *Leere* also – mit Erde „auffüllen“, scheint es uns, als wäre das Loch verschwunden. Wo aber ist es hin? Es ist nirgendwo hin, weil die *Leere* keine Begrenzung in sich selbst erfahren kann. Nur Objekte – die Masse aus Erde – stellen eine Begrenzung dar.

Wenn wir jetzt die Erde wieder entfernen und in ein anderes Loch hineinschütten, was haben wir dann in Wahrheit getan?

Wir haben die unendliche *Leere* an einer anderen Stelle – dort, wo diese Erde jetzt liegt – begrenzt und dort, wo das Loch jetzt ist, die Begrenzung der *Leere* aufgehoben.

Das kann man sich leichter verdeutlichen, wenn man sich vorstellt, man würde die Erde dem Loch entnehmen und einfach aus dem Universum entfernen können. Je mehr Erde man wegnimmt und verschwinden lässt, desto weniger „Objekt“ bleibt übrig. Bis am Ende noch nicht einmal ein Loch übrig bleibt. Nur noch eine endlose *Leere*. Un-vor-stellbar – nichts mehr zum (Da-)vorstellen!

Diese *Leere* erfährt keine zeitliche oder räumliche Begrenzung oder Veränderung. Da sie selbst weder gedacht noch vor-gestellt werden kann, erscheint sie uns sowohl als ewig gleich bleibend als auch als „nicht objektiv erkennbar". Nur die gedachten Begrenzungen – die Objekte also – lassen sich vor-stellen und damit verändern.

Mit einem Objekt – einer Kugel zum Beispiel, die man sich vor-stellt, definieren wir im Grunde genommen nur eine Begrenzung dieser einen, unendlichen *Leere*.

Wenn wir einen Luftballon aufblasen, nehmen wir eine Verringerung der Leere wahr – obwohl es uns vorkommt, als ob wir das Objekt vergrößern. Wir denken in „Formen von Objekten", anstatt in Veränderungen der *Leere*. Lassen wir die Luft wieder aus dem Ballon, vergrößern wir dadurch wieder die Wahrnehmung der *Leere*.

Bedeutsam ist diese Betrachtung der Dinge deshalb, weil diese *Leere* immer vorhanden ist. Sie ist das einzige Absolutum in unserer Welt. Und sie kann auch nicht vernichtet werden.

Alle Objekte aber erscheinen und verschwinden wieder. Sie stellen damit keine stabile, gleich bleibende Grundlage – keinen absoluten Standpunkt – dar, von dem aus alles andere endgültig bestimmt werden könnte. Denn jeder objektive Standpunkt ist, wie Galilei, Einstein und andere richtig erkannten, nur „relativ".

Für die Wissenschaft mag es von Bedeutung sein, einen objektiven und damit gedachten Standpunkt einzunehmen. Die *Leere*, die mathematische Null und Unendlichkeit, ermöglicht jedoch keine Berechnung, die objektiv – also an Dingen messbar – eine Verbesserung innerhalb der Welt hervorbringen könnte. Albert Einsteins Theorien und die damit verbundenen Berechnungen – immer etwas Relatives als Bezugspunkt vorausgesetzt – ermöglichen uns heute, neben vielem anderen, den Luxus von GPS-Navigations-Systemen. Die *Leere* als absoluter Standpunkt würde zu keinem Ergebnis führen.

Anders sieht es aus, wenn man die Welt und

ihren illusionären Charakter verstehen bzw. erkennen will. Dabei geht es nicht um mögliche Berechnungen oder Fortschritte innerhalb der Welt. Also kann die ewige *Leere* – das Absolute – durchaus als der zentrale Punkt aller Annahmen im Mittelpunkt stehen.

Die der absoluten *Leere* (da)-vor-gestellten und sichtbaren Begrenzungen – das, was wir sehen – sind nur Erscheinungen in unserem Geiste, die wir für wirklich halten.

Sie können *nur* Erscheinungen sein, denn in dem Moment, in dem wir sie sehen, sind sie bereits Vergangenheit.

Was also bleibt, was ist *wirklich*?

Nichts, *Leere*!

Nur der Irrtum ist das Leben,
Und das Wissen ist der Tod.

[Friedrich von Schiller]*

* Kassandra

Guck mal

Es irrt der Mensch, solang' er strebt.

[Johann W. von Goethe]*

* Faust I

Stell dir mal vor, du reitest an einem sonnigen Tag auf einem Kamel durch die Wüste. Die Sicht ist gut, keine Probleme.

Ein Sandsturm kommt auf und nimmt dir die Sicht. Es gibt für dich kaum eine Möglichkeit, dich in diesem „Nebel“ zurechtzufinden.

Jemand aber, der sich zum Beispiel außerhalb des Sturms aufhalten würde – auf einem Berg vielleicht oder in einem Hubschrauber –, behält in dieser Situation seine Orientierungsfähigkeit. Er wäre möglicherweise sogar in der Lage, sich mit dir per Handy in Verbindung zu setzen und dich durch den Sturm zu lotsen.

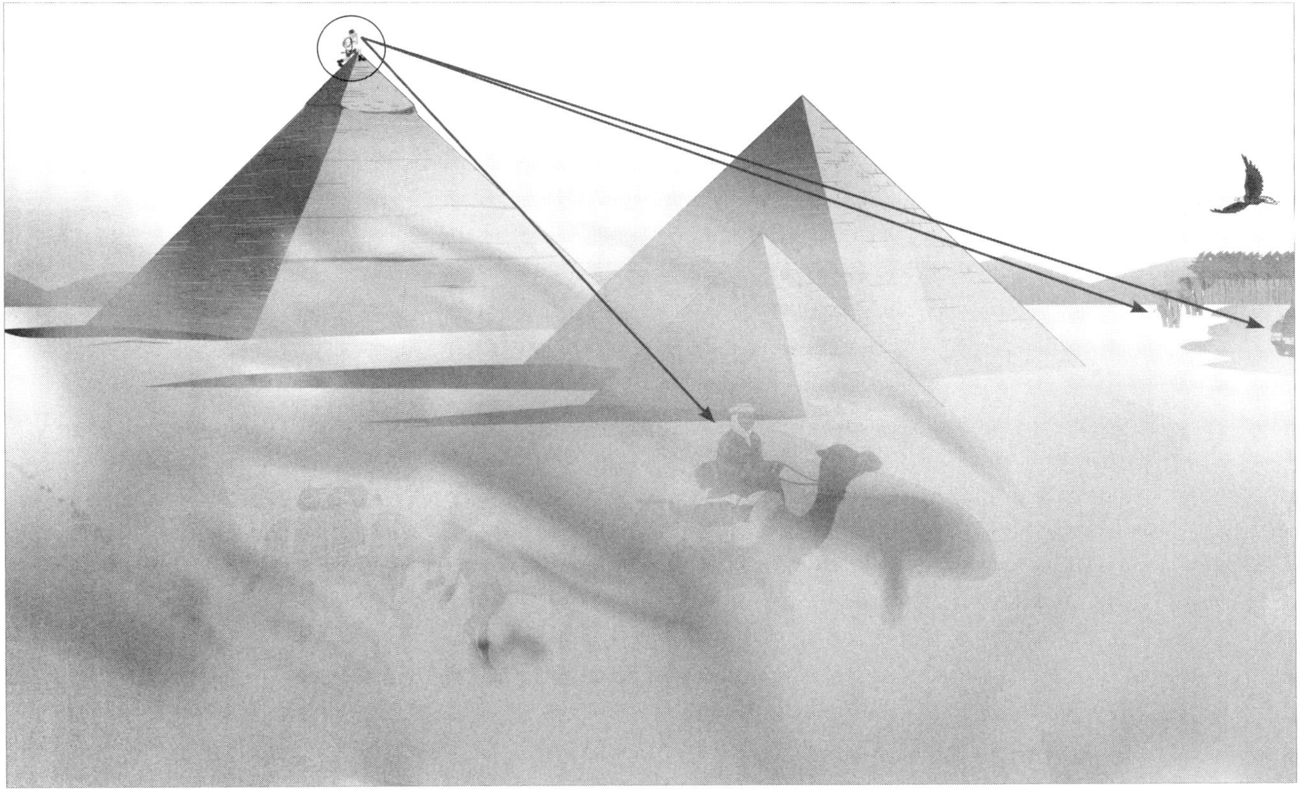

Wenn wir mit etwas beschäftigt sind, befinden wir uns inmitten gerade ablaufender Geschehnisse. Wir sind aktiv daran beteiligt. Sehen weder rechts noch links.

Wie bei einem Ritt durch einen Wüstensturm erkennen wir kaum die Situation und haben keinen umfassenden Überblick. Wir denken und handeln *nur* im Sinne unserer „eigenen Interessen“. So kommt es uns wenigstens vor.

ICH

Unsere Handlungen scheinen immer „ich-bezogen“. Selbst wenn wir alleine sind, fühlen und erleben wir unser Tun immer noch „ich-bezogen“: Ich tue, ich handle, ich denke.

All diese *ich-bezogenen* Gedanken grenzen uns von den anderen ab – im Handeln, wie im Denken.

ICH

Da kommt ein Freund und erzählt uns von seinem Problem. Er findet keine Lösung. Wir, die wir nicht daran beteiligt sind und lediglich zuhören, haben dann meist sofort Ideen, was wir an seiner Stelle tun könnten oder wie wir handeln würden.

Sind wir aber selbst mit einem schwierigen Problem konfrontiert, fehlt uns manchmal die zündende Idee. Oder es will uns kein Ausweg einfallen. Weil wir zu sehr in dem Problem „hängen" und einfach nicht objektiv urteilen oder überlegen können. Wir können dann nur „ich-bezogen" denken. Man sieht den Wald vor lauter Bäumen nicht.

Wie jemand auf dem Berg den Überblick trotz Wüstensturm behält oder wir dem Freund aus der Distanz des Nicht-selbst-betroffen-Seins etwas raten können, so können auch wir in unseren Handlungen den Überblick behalten, würden wir uns nur als distanzierte Beobachter der gesamten Szene – gar unseres gesamten Lebens – betrachten können.

Nur, das ist nicht gerade einfach.

Beobachter

Unser Wünschen und Vermeiden-Wollen treibt uns in ständige Denkprozesse – in unsere Erinnerungen und Vorstellungen. Also in die Unwirklichkeit des Vergangenen oder Zukünftigen.

Was würde passieren, wenn wir alle Wünsche, alles Wollen und alle Sorgen – alles Streben also – einfach als unwirklich beiseite legen und dem Tag seinen Lauf lassen könnten? Was, wenn wir all den Gedanken und Geschehnissen des Tages – wie auch unseren Zukunfts-Vor-Stellungen – mit völligem Desinteresse begegnen würden?

Dann könnten wir – wie ein unbeteiligter Beobachter – unser Leben betrachten und feststellen, dass die Welt sich genauso weiter dreht wie bisher. Dass selbst der eigene Körper wie eh und je einfach reagiert, als ob nichts geschehen wäre. Ob wir nun darüber nachdenken oder nicht.

Es lohnt sich, einfach einmal auszuprobieren, nur noch der Beobachter des Lebens zu sein. Man muss es nur tun!

Die Erfahrung, dass die Welt und selbst unsere eigenen Handlungen nicht von *unserem* vermeintlichen Willen – *unseren* Gedanken also – abhängen, dass wir gar nicht diese eigenständig handelnden Wesen sind, für die wir uns halten, kann man machen – dadurch, dass man nur noch der Beobachter ist!

Beobachter

Für den Anfang kann es funktionieren, sich in ruhigen Minuten vergangene Geschehnisse wieder ins Gedächtnis zu rufen, sie erneut vor dem geistigen Auge zu durchleben und dabei die *Geisteshaltung* eines unbeteiligten Beobachters einzunehmen.

Egal, was gefühlt oder gedacht wird, man bleibt einfach der Beobachter. Jemand also, der mit dem beobachteten Geschehnis, dem Körper, den Handlungen usw. einfach nichts zu tun hat. Ganz wie ein Außerirdischer, der zwar alles fühlen, hören und sehen kann, selbst aber sein hermetisch abgekapseltes Raumschiff dabei nicht verlässt.

Übt man dieses Beobachter-Sein fast penetrant, wird man früher oder später feststellen, dass die Wahrnehmung sich verbessert. Immer tiefer wird man die Zusammenhänge der Geschehnisse erkennen. Die bis dahin *nicht* erfassten Gedanken, die dabei gedacht wurden, werden sichtbar, usw.

Mit der Zeit wird man dann in der Lage sein, sich auch im täglichen Leben – am Anfang vielleicht nur in den ruhigen Minuten – als Beobachter zu fühlen und Geschehnisse, in denen man früher wie im Nebel umherirrte, wie von außen betrachten zu können. Um so den Überblick zu behalten.

Entwickeln Sie die Geisteshaltung des Beobachters, und Ihre eigenen Erfahrungen werden Ihnen zeigen, dass Ihnen Losgelöstsein Kontrolle bringt.

Der Zustand des Beobachtens ist voller Kraft, er hat nichts Passives an sich.

[Sri Nisargadatta Maharaj]*

* Ich bin

Vor-Führung

Du glaubst zu schieben, und du wirst geschoben.

[Goethe]*

* Faust I

Stimmungen*.

Was immer wir für eine Stimmung wahrnehmen, es ist niemals eine *persönliche* Stimmung! Obwohl es immer so aussieht.

Was wir wahrnehmen, ist in jedem Augenblick immer nur eine einzige Stimmung – und alle Figuren, die im *Jetzt* bewusst wahrgenommen werden, müssen dieser Stimmung folgen.

Jeder Mensch wird seine individuelle Begründung haben, warum das für ihn gerade so ist. Er wird Ursachen suchen und auch welche finden: das Wetter, die anderen, schlecht geschlafen usw.

Aber stimmen diese Ursachen wirklich? Stellen wir uns nur mal vor, es wäre anders herum. Was, wenn zum Beispiel eine uns unbekannte Macht einfach einen Stimmungsimpuls aussendet, den wir nie zu fassen bekommen, weil wir ihn aber ausleben müssen, als unseren eigenen deklarieren? Würden wir nicht dann genau dasselbe erleben? Nicht wissend, dass wir fremdgesteuert sind, würden wir immer die falschen Ursachen für unser Wohl- oder Übelbefinden ausmachen. Und daran verzweifeln. Denn was immer wir annehmen, es wäre jedes Mal die falsche Ursache, die wir finden könnten.

Als Beobachter der Welt – nichts wollend, nichts anstrebend – würde man schnell erkennen, dass in jedem Augenblick im Leben nur eine einzige Stimmung vorherrscht. Sie mag sich in jedem Moment wieder ändern, aber dennoch: *Es weht zu jedem Zeitpunkt immer nur ein Wind auf der Bühne.*

* Das Wort Stimmung wird auf *stimmig* und damit auf *zusammenpassen , übereinstimmend, richtig* zurückgeführt (18. Jh.). Weiter zurückgehend, aus dem Althochdeutschen des 8. Jh.: *stomen: zu einer Wurzel*!

Eine Stimmung im *Jetzt*
... ♪♫ O sole mio ... ♪♫
Toll! So klare Sicht.
Da hinten ...
Pisa!
Gute Einnahmen heute.
Nachher mach ich
einen drauf!
Hervorragend, keine
Christen in der Nähe!
Huhuu... hallo ...
schaut mal alle her!
Ich kann wieder laufen!
Wunderschön hier ...
Glückstreffer,
volle Absahne heute!

Wenn wir uns noch einmal anschauen, dass die Welt im *Jetzt* immer nur so groß ist, wie man sie gerade wahrnimmt – China, Amerika, selbst die nächste Straße um die Ecke existieren im Moment ja nur in unserer Vor-Stellung –, wird klar, dass sich zu jedem beliebigen Zeitpunkt nur wenige Menschen in der gerade wahrgenommenen Welt aufhalten. Und sie alle müssen dieselbe Stimmung ausleben.

Allerdings wird diese Betrachtung durch die Tatsache erschwert, dass man zwar durchaus vielen Menschen auf einmal begegnen kann – auf einem Jahrmarkt oder in einer Fußgängerzone beispielsweise –, wir aber *nur* wenige dieser Menschen in jedem Moment tatsächlich bewusst wahrnehmen (die anderen fungieren nur als „Statisten"). Und dass Stimmungen in Windeseile wechseln können.

So kann es passieren, dass jemand fröhlich durch eine Fußgängerzone geht, plötzlich aber eine Mutter mit ihrem quengelnden Kind daher kommt und mit dem Kleinen schimpft. Wenn man in der reinen Beobachtung bleiben kann, wird man schnell feststellen, dass die Stimmung „im Raum" plötzlich ins Negative wechselt, aber ebenso schnell wieder zur Fröhlichkeit zurückkehren kann, wenn die Szene nicht mehr im *Jetzt* wahrnehmbar ist (die Mutter mit ihrem Kind wieder „vorbei ist").

Die bewusst wahrgenommenen Wesen im *Jetzt* – gleiche Stimmung

Fragt man sich vielleicht, warum man heute so „schlecht drauf ist“, kommen einem scheinbar durchaus vernünftige Gründe in den Sinn. Man könnte zum Beispiel meinen, man hätte schlecht geschlafen. Aber warum hat man schlecht geschlafen? Man könnte mutmaßen, dass das gestrige Gespräch mit einem Freund Anlass zum Ärger gab. Aber warum? Je tiefer und gründlicher man in solche Überlegungen einsteigt, desto mehr findet man Gründe, warum letztlich das ganze Leben so läuft, wie es eben läuft. Tausend Ursachen und Gründe kann man erfinden. Und doch würde am Ende nur eine einzige Sache bleiben: Die erste Ursache ist nicht auffindbar! Also sind alle „Gründe“ reine Spekulation.

Viel entscheidender wäre vielleicht, weder nach einem Schuldigen zu suchen, noch einer vermeintlichen Ursache nachzugehen. Vielmehr sollte man der Beobachter der Geschehnisse bleiben. Dann wird einem auffallen, dass einfach aus nicht wirklich auffindbaren Gründen eine Stimmung im Raum ist, und alle Figuren darin gezwungenermaßen ihre Rolle spielen müssen.

Wie in einer Theateraufführung.

Stimmung

Bei allen Überlegungen, die wir so anstellen, warum dieses oder jenes so ist, wie es ist, bedienen wir uns immer unserer Erinnerungen. Wir glauben, wir *wüssten*!

Würden wir beispielsweise versuchen, die Meinungen aller Beteiligten unter einen Hut zu bringen, kämen wir so gut wie nie zu einer einhelligen Meinung.

Jeder der Beteiligten hätte eine andere Ansicht, andere Erinnerungen und andere Beweggründe, genau das zu glauben, was er glaubt. Allein das zeigt uns doch schon, dass es eine einzige Wahrheit – oder eine einzig gültige Ursache – gar nicht geben kann.

Stimmungen schweben wie Wolken durch den Raum, sie *wechseln* ihre Farbe, und niemand kann wirklich wissen, wo sie herkommen.

Stimmung

Betrachten wir einen beliebigen Moment mitten im Leben. Da sitzt jemand zufrieden und glücklich auf der Couch, als ihn ein Anruf ereilt. Der Anrufer – meinetwegen ein Freund – hat schlechte Laune und lässt sie an ihm aus. Kann der Angerufene sich dagegen wehren? Normalerweise nicht. Selbst wenn er sofort auflegt, wird sich diese Stimmung eine Weile fortsetzen. Er wollte es nicht und doch hat es ihn erwischt. Warum?

Beobachtet man das Leben distanziert, so stellt man schnell fest, dass unsere Reaktionen und unser Handeln *immer* durch Impulse von außen angestoßen werden. Selbst Erinnerungen werden durch kleine Impulse von außen zum Leben erweckt, zum Beispiel durch einen einfachen Blick auf ein Urlaubsfoto. Oder schon durch eine kleine Veränderung der Lichtverhältnisse im Raum. Wir können uns nicht entscheiden, welche Erinnerungen und Gedanken uns überfallen und welche Stimmungen sie verursachen – wir sind ihnen ausgeliefert.

Stimmung

Eine Stimmung – so schnell sie auch wechselt – ist etwas, das den Raum zu jedem Zeitpunkt erfüllt. Wir als vermeintliche Personen sind gezwungen, diesen Stimmungen zu folgen.

Die Dinge geschehen so, dass sie zur jeweiligen Stimmung passen. Und nicht umgekehrt! Solange wir glauben, selbständig handelnde Wesen zu sein – Personen also –, sind wir darin involviert und müssen all diese Stimmungen *erleiden*.

Und sofort beginnt die Person, diesen Zustand ändern zu wollen. Sie *strebt* eine Veränderung an. Vielleicht indem sie einen Schuldigen sucht. Dadurch verursacht sie die Fortpflanzung dieser Stimmung bzw. das erneute und anhaltende Auftreten solcher Stimmungen.

Dies trifft aber nur bei den negativen Stimmungen zu. Ist die Stimmung nämlich positiv, unternehmen wir für gewöhnlich keine Anstrengungen, sie zu erhalten (kein Wünschen, kein Streben). Das können wir auch gar nicht. Eine positive Stimmung ist für uns nicht veränderungsbedürftig. Es ist unser natürlicher Zustand! Warum? Weil wir dann nicht an uns denken. Dann denken wir eigentlich überhaupt nicht. Dann sind wir einfach! Ohne Gedanken an *ich* und *du*.

Verlieren wir diesen positiven Zustand, setzt sofort *persönliches* Denken ein. Und das will einen derart negativen Zustand schnell wieder loswerden und sucht sich fälschlicherweise einen Schuldigen. Das Theater beginnt!

Stimmung

Bleibt man unverhaftet solchen Stimmungen gegenüber in der Geisteshaltung des Beobachters, wird erkannt, dass hier einfach nur Theater gespielt wird: *ich* gegen *dich!*

Mit der distanzierten Beobachtung wird schnell klar, dass es einfach die momentane Stimmung im Raum ist, die sich auch schnell wieder verflüchtigen kann, wenn man sie einfach ziehen lässt. Anstatt zu glauben, man wäre diese Person, die gezwungen ist, das *Theater* mitzuspielen.

Man gewinnt eine wohltuende innere Freiheit.

Stimmung

Heute haben auch einige der bedeutendsten Geistes- und Neurowissenschaftler keine Zweifel mehr daran, dass der Mensch keinen freien Willen hat. Es sind unsere Erinnerungen, die bestimmen, was wir zu tun haben. Und die konnten wir uns nicht aussuchen. Wir wurden nie gefragt, wann und wo wir geboren werden wollten, wo wir aufwachsen möchten usw. Unsere Erinnerungen bestimmen, wie wir die Welt sehen und wie wir uns verhalten.

Wir glauben, wir könnten uns für etwas entscheiden – das ist die grundlegende Illusion, der wir aufsitzen. In einem sehr interessanten Gespräch mit *Sri Nisargadatta Maharaj** ist das anschaulich verdeutlicht:

MAHARAJ: Sie können Handlungen nicht vermeiden, sie geschehen wie alles andere.

FRAGE: Ich kann sicherlich meine Handlungen kontrollieren.

MAHARAJ: Versuchen Sie es. Sie werden bald herausfinden, dass Sie tun, was Sie tun müssen.

FRAGE: Ich kann entsprechend meinem Willen handeln.

MAHARAJ: Sie kennen Ihren Willen erst, nachdem Sie gehandelt haben.

FRAGE: Ich erinnere mich an meine Wünsche, worauf meine Wahl gefallen ist, die Entscheidungen, die ich getroffen habe und handele entsprechend.

MAHARAJ: Dann entscheidet Ihre Erinnerung, nicht Sie.

* Ich bin

Die ganze Welt ist ein Theater.

[William Shakespeare]*

* Wie es euch gefällt

Blendwerk

Der Geist bewegt die Materie.

[Vergil]

Das gesamte Universum ist nichts anderes als die perfekte Täuschung. Nur ein sich ständig veränderndes – lediglich erdachtes – Bild. Dass es uns so wirklich vorkommt ist nur das Ergebnis von Denken und Erinnern.

Nicht umsonst nennen die alten indischen Lehren diese Welt *maya* – Blendwerk, sogar *mahamaya* – die große Täuschung. Denn die Welt ist nur eine illusionäre Erscheinung.

Der nächtliche Traum erscheint uns genauso wirklich – solange wir ihn träumen. Solange wir uns im Traum befinden, glauben wir, dass wir darin eine Traum-Person sind und sehen die anderen Traumfiguren als getrennt von uns an. Die „Wirklichkeit" des Traums endet aber völlig, sobald wir ihn am Morgen als Illusion – als Täuschung – durchschaut haben. Selbst die Erinnerung an einen Traum verblasst innerhalb weniger Minuten oder Stunden.

Alles, was wir als unwirklich erkannt haben – nicht nur die nächtlichen Träume –, schwindet aus unserer Erinnerung und wir wollen gar nicht mehr behaupten, dass es jemals existiert oder eine eigene Realität besessen hätte. Wir erkennen, dass wir das, was wir einst für wahr annahmen, nur in unserem Geiste so (an-)gesehen haben.

Wie in einem Traum breitet sich am Morgen in einem einzigen Augenblick, den man Aufwachen nennt, ein phantastisches Schauspiel vor unseren Sinnen aus. Und schneller als wir es erfassen können, glauben wir, wir wären eine Person – ein eigenständig handelndes Wesen unter vielen anderen eigenständig handelnden Wesen. Vollkommen traumähnlich!

Abends, wenn wir einschlafen, verschwindet die gesamte Welt aus unseren Sinnen ebenso schnell, wie sie am Morgen gekommen ist. Auch wir als vermeintliche Personen sind dann verschwunden.

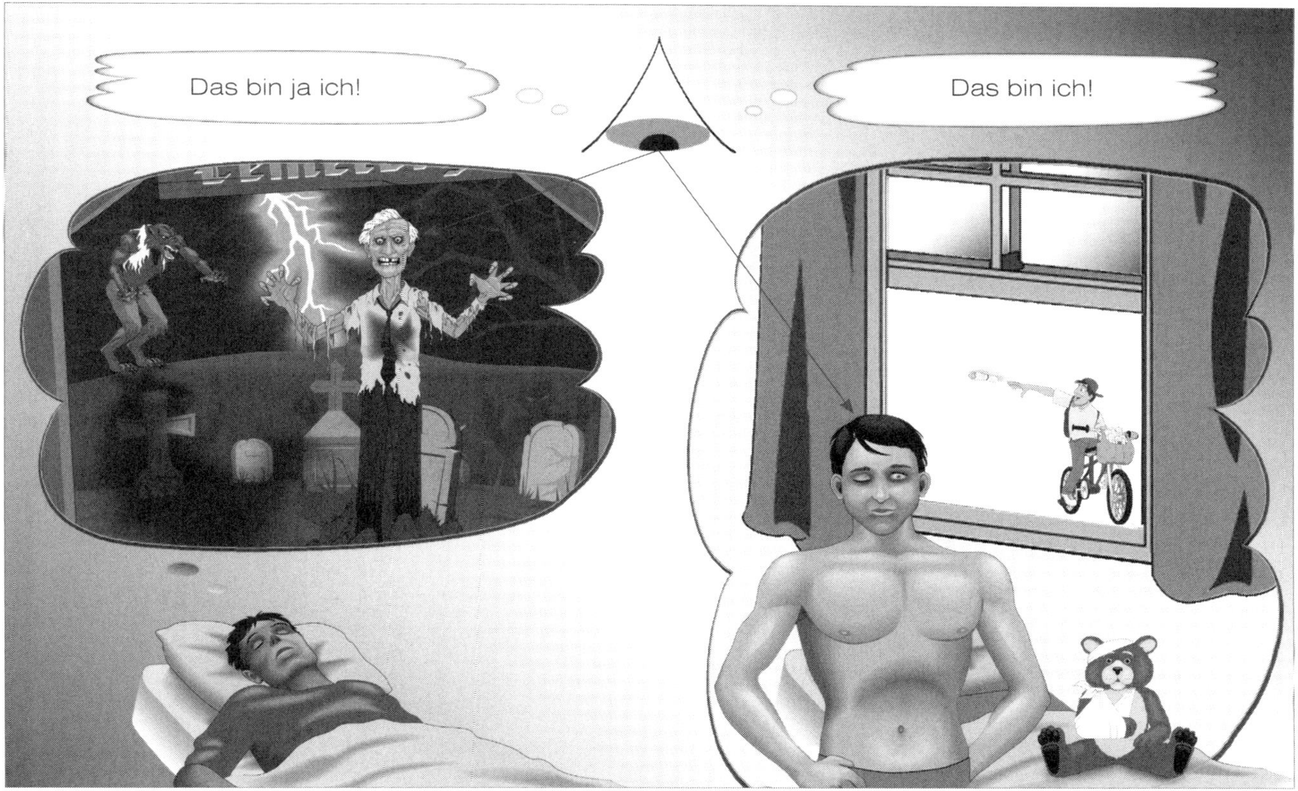
Das bin ja ich!
Das bin ich!

Wir sind keine Personen – eigenständig handelnde Wesen – und wir waren auch noch nie Personen. Das ist die größte aller Täuschungen, der wir unterliegen!

Das Wort Person (lat.: *persōna*) bedeutet: *Die Maske des Schauspielers*. Wir waren noch nie und werden nie eine Maske sein.

Wir sind dieser eine „kosmische" Schauspieler, der einzige Beobachter des „Lebenstraums", der glaubt, er wäre die Maske, die er gerade trägt.

Das glaube ich zu sein!
Das alles bin ich!

**Seit Cartesius, der Grundirrtum in aller Erkenntnis;
das Denken ist nicht mein Denken, und das Sein nicht mein Sein,
denn alles ist nur Gottes oder des Alls.**

[Friedrich Wilhelm Joseph von Schelling]

persona ingrata

Durch die Bilder Ihres Verstandes projizieren Sie eine Welt und auch einen Gott, um ihr eine Ursache und einen Zweck zu geben.

**Es ist alles nur Einbildung.
Treten Sie aus ihr heraus.**

[Sri Nisargadatta Maharaj]*

* Ich bin

Ein Ohr kann sich selbst nicht hören. Auch ein Auge kann sich selbst nicht sehen. Es muss jemanden oder etwas geben, das die durch das Ohr bzw. Auge aufgenommen Sinneseindrücke und ihre im Gehirn umgewandelten Signale *erfährt*.

Es braucht immer zwei: den Wahrnehmenden und das Wahrgenommene.

Das, was wahrnimmt und sich selbst nie in direkter Form erfahren kann, ist unser wahres Wesen. Das sind wir!

Demnach können wir uns niemals selbst erfahren – das heißt: wahrnehmen, begreifen oder erdenken. Könnten wir uns tatsächlich selbst erfahren, müsste es wiederum einen Weiteren geben, der diese Erfahrung wahrnehmen könnte usf.

Die unveränderliche und wahrnehmende Quelle aller Erscheinungen, die höchste und alles durchdringende Realität, auf ewig unerkennbar und vom Wesen her reines Bewusstsein, ist das, was wir – völlig unpersönlich und unteilbar – sind.

Sich dieser Quelle gewahr zu werden ist das, was letzten Endes angestrebt wird. Aber kein Wort der Welt und keine Beschreibung und auch kein Weg kann das je vermitteln. Denn dieses „Die-Quelle-Sein" kann nur in der absoluten Stille des Denkens – und damit in der Auflösung des „persönlichen" Universums – erfahren werden.

Alles was beschrieben werden kann ist das, was man alles *nicht* ist. So paradox das auch klingen mag: Dies ist völlig ausreichend.

Das, was wahrnimmt
Das, was wahrgenommen wird

Was also sind wir nicht? Alles was wahrgenommen, gedacht oder erfahren werden kann: Die Welt, Träume, Gedanken, Gefühle und sogar der eigene Körper und die eigene Person. Das alles können wir nicht sein, weil wir es wahrnehmen oder denken können. Das alles schließt den Wahrnehmenden aus – der muss zwangsläufig etwas anderes sein!

Ich
Das, was wahrgenommen wird – Nicht-Ich

Wenn man nicht mehr daran festhält, dass man ein getrenntes Wesen ist – außer in der Erscheinung –, wenn die Idee von „ich“ und „du“ nicht mehr als wahr angenommen wird, was bleibt dann?

Man nimmt nur noch einen einzigen „Strom“ an Gedanken als ein einziges „Ich“ – das so genannte *Selbst* – wahr. Es gibt dann einfach keine Personen oder eigenständig handelnde Wesen mehr. Denn all das war nur vom Verstand (da-)vor-gestellt!

Die Welt kommt einem in diesem veränderten mentalen Zustand dann nur noch traumähnlich vor.

Das *Selbst* ist nichts anderes als: Bewusstsein – völlig unpersönlich.

Wie aber kommt die Person in diesen mentalen Zustand des unpersönlichen *Selbst*?

Dadurch, dass sie sich „Tag und Nacht“ in der Geisteshaltung des reinen Beobachters übt und sich einfach strikt weigert, sich weiterhin als eine Person auszugeben.

ICH
SELBST
WAHRNEHMUNG

Wenn sich allmählich selbst die Idee auflöst, das *Selbst* zu sein, durchschaut man das Schauspiel, genannt Leben. Man erkennt, dass alle Figuren wie auf einer Bühne ihre Rolle spielen – und das immer „fehlerfrei“. Sie alle – und auch man selbst als bis dahin vermeintliche Person mit eingeschlossen – sind einfach nur Teil unseres wahren Seins.

Wann immer man aber zu streben beginnt und sich so wieder in die vermeintlich „persönlichen“ Gedanken verstrickt, scheint man weiterhin – oder wieder – eine Person zu sein. Sofort kommen auch alle anderen wieder als Personen daher. Diese Illusion wird nicht verschwinden. Aber man kann sie durchschauen.

Wir sind nichts Greifbares, wir sind auf ewig frei. Das ist unser wahres Sein. Auch jetzt. Nie musste etwas erreicht werden, denn wir haben dieses Sein nie verlassen und werden es nie verlassen. Nur die Vorstellung, wir wären eine Person und andere wären ebenfalls Personen, hat uns in die Irre geführt.

Das Paradoxon dabei: Es gibt nur Wahrnehmung und niemanden (persönlich), der wahrnehmen könnte. Wahrnehmung geschieht einfach. Durch niemanden.

**Es gibt nur ein Wesen,
und jede Seele ist dieses Wesen voll und ganz,
nicht nur ein Teil desselben.**

**Dieses Wesen als Erscheinung in Zeit und Raum ist der Mensch,
wie wir ihn kennen;
jedoch hinter der Erscheinung steht das eine Wirkliche.**

[Swami Vivekananda]*

* Jnana-Yoga

Puppenspiel

Willst du dich selber erkennen, so sieh, wie die andern es treiben,
Willst du die andern verstehen, blick in dein eigenes Herz.

[Friedrich von Schiller]*

Wir beobachten eine Gazelle, die ganz ihrer Natur folgend äst.

Mittendrin hebt sie den Kopf und wittert etwas. Unmittelbar darauf rennt sie davon, weg von der Quelle der Witterung.

Man könnte sich natürlich einbilden, dass sich die Gazelle dabei etwas gedacht hätte. Was aber nicht der Fall ist.

Die Gazelle hat einfach gemäß ihren Instinkten und Erinnerungen nur reagiert: Die Witterung ist der Auslöser, das Wegrennen die Wirkung.

Ein natürlicher Vorgang innerhalb der Natur – denkfrei und unmittelbar.

Wenn wir mehrere Menschen in ihrem Verhalten als unbeteiligter Beobachter betrachten, werden wir leicht feststellen, dass sie ebenfalls entsprechend ihrer anerzogenen und „programmierten" Verhaltensmuster *reagieren.*

Ändert sich die Stimmung, so kann es beispielsweise geschehen, dass eine Person mit „Ärger im Bauch" den Raum betritt. Die anderen Personen *müssen* ebenfalls entsprechend dieser Stimmung reagieren. Im Prinzip besteht hier kein Unterschied zum Verhalten der Gazelle. Irgendetwas geschieht im Universum und die Gazelle reagiert.

Wie genau die anderen Personen auf diesen Stimmungswechsel im Raum reagieren, hängt natürlich von ihren eigenen – ebenfalls programmierten oder erlernten – Verhaltensmustern ab. Niemand ist frei von dem Grundsatz reactio=reactio*.

Allerdings – und das ist der „normale Wahnsinn" oder Irrtum – werden diesem „natürlichen" und unmittelbaren Verhalten Ursachen „hinzugedichtet". Was dazu führt, dass dann ein anderer – oder man selbst – zum „Sündenbock" gestempelt wird.

Tatsächlich aber gibt es keine wirklich zuordenbaren „Ursachen". Was als Ursache vermutet wird, ist tatsächlich nur ein *Auslöser* für eine Situation und ihre Folgereaktionen. Ganz wie das Wegrennen der Gazelle. Niemand kann wirklich sagen oder wissen, wo diese Stimmungen ursprünglich herkamen und warum.

Wir sehen immer nur einen Teil des Ganzen, sind aber jedes Mal bereit – man könnte fast schon sagen: wir sind gezwungen –, den fehlenden Teil dazuzudichten, damit wir unsere Ansichten als „richtig", „vernünftig" oder „gut" vor uns selbst rechtfertigen können.

* Den physikalischen Grundsatz *actio=reactio* auf das Leben anwenden zu wollen, wäre ein Trugschluss. Da niemand und nichts aus freiem Willen handeln kann – das ganze Universum bewegt sich wie bei einer Kettenreaktion vorwärts – kann es nur *reactio=reactio* heißen.

Wenn eine Person „A“ mit „Ärger im Bauch“ den Raum betritt, erkennt man, dass Person „B“ auf Person „A“ einfach reagieren *muss* und den Auslöser (oder den vermeintlichen Verursacher) in Person „A“ sieht und entsprechend *reagiert.*

Person „A“ wiederum muss auf Person „B“ ebenfalls erneut reagieren (reactio=reactio), also erleben wir recht schnell einen offenen oder versteckten Streit. Zumindest aber gegenseitige „Verstimmungen“.

Person „A“ hat selbst möglicherweise den Verursacher des „Ärgers im Bauch“ einer anderen Person oder etwas außerhalb zugeordnet, was ebenfalls ein Irrtum ist.

Bleiben wir nämlich hier einfach konsequent in der Beobachterposition – beobachten wir also nur, anstatt zu denken, anstatt Vor-Stellungen zu ersinnen, wer oder was ...–, bemerken wir sehr schnell, dass wir alle wie Marionetten diesen Stimmungen folgen müssen und nicht diese Person sein können, die wir *durch Denken und Mutmaßungen* glauben zu sein.

In dieser Welt ist nichts getrennt.

So wie alle Kugeln in einem Behälter reagieren müssen, wenn auch nur eine Kugel bewegt oder entfernt wird, reagiert auch im Universum immer alles auf alles.

Dieses Universum ist eine *einzige* verwobene Einheit – bestehend aus *einem* Bewusst-Sein –, in der bei jeder Regung alle „Elemente" immer aufeinander *reagieren müssen*. Niemand und nichts kann sich da ausschließen.

Wir beeinflussen das Wetter, und das Wetter beeinflusst uns. „Ich“ beeinflusse alles andere, wie auch alles andere mich beeinflusst.

Als Menschen sind wir Teil der Natur, wie auch die Natur ein Teil von uns ist. Jede da-vor-gestellte Trennung ist nur „gedacht“ und reine Täuschung!

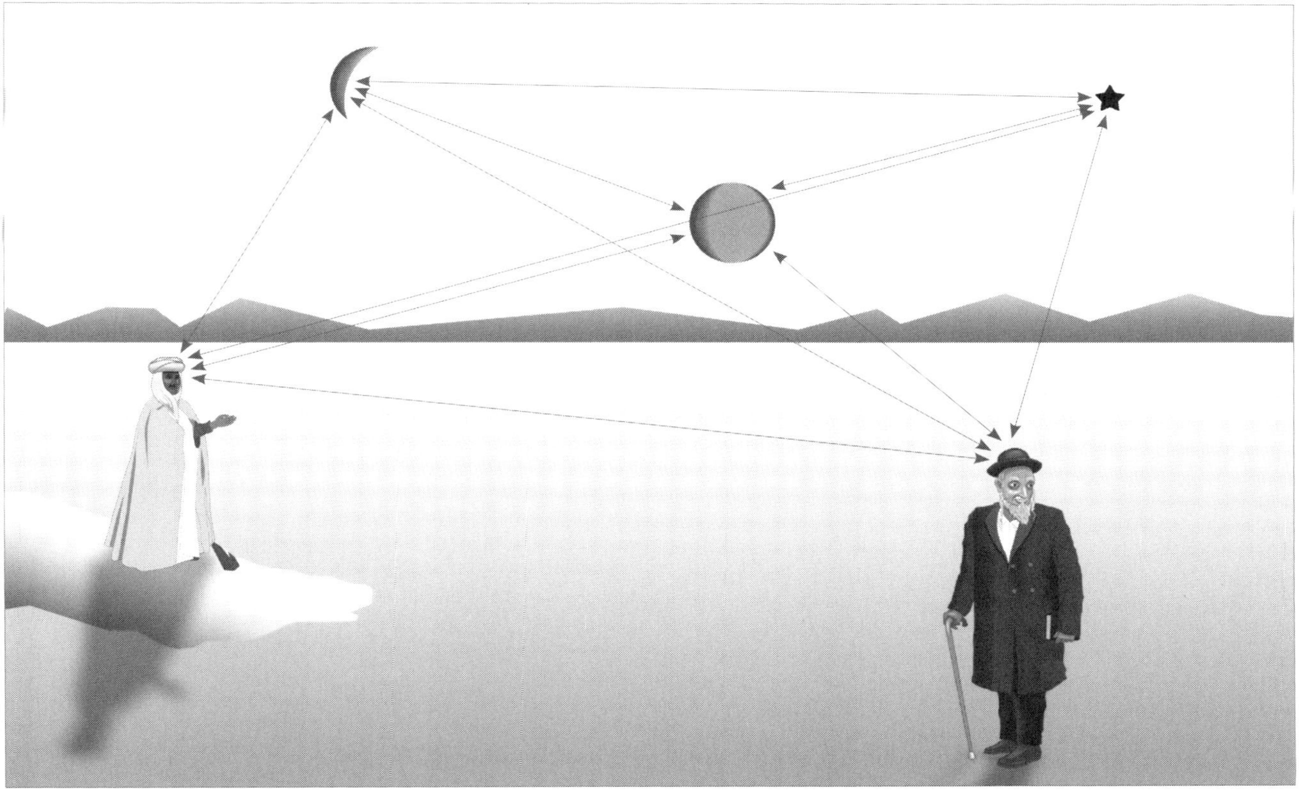

Ich hab' getan, was ich nicht lassen konnte.

[Friedrich von Schiller]*

* Wilhelm Tell

Lichtspiele

Wir sind vom gleichen Stoff, aus dem die Träume sind.

[William Shakespeare]*

* Der Sturm

Ein Quantenmärchen:

In einem „Raum“, der unbegrenzt und deswegen dimensionslos ist – wir können ihn als „Bewusstsein als solches“ oder „die *Leere*“ bezeichnen –, entsteht ein Lichtfunke, der diesen Raum durchwandert. Niemand wird je ergründen können, warum er entstanden ist.

Wie bei einer Kettenreaktion teilt sich dieser Funke immer wieder. Und die so entstandenen weiteren Funken ziehen ebenfalls durch den Raum und auch sie teilen sich.

Nachdem so ein Funke einige Zeit durch den Raum gewandert ist, erlischt und verschwindet er wieder.

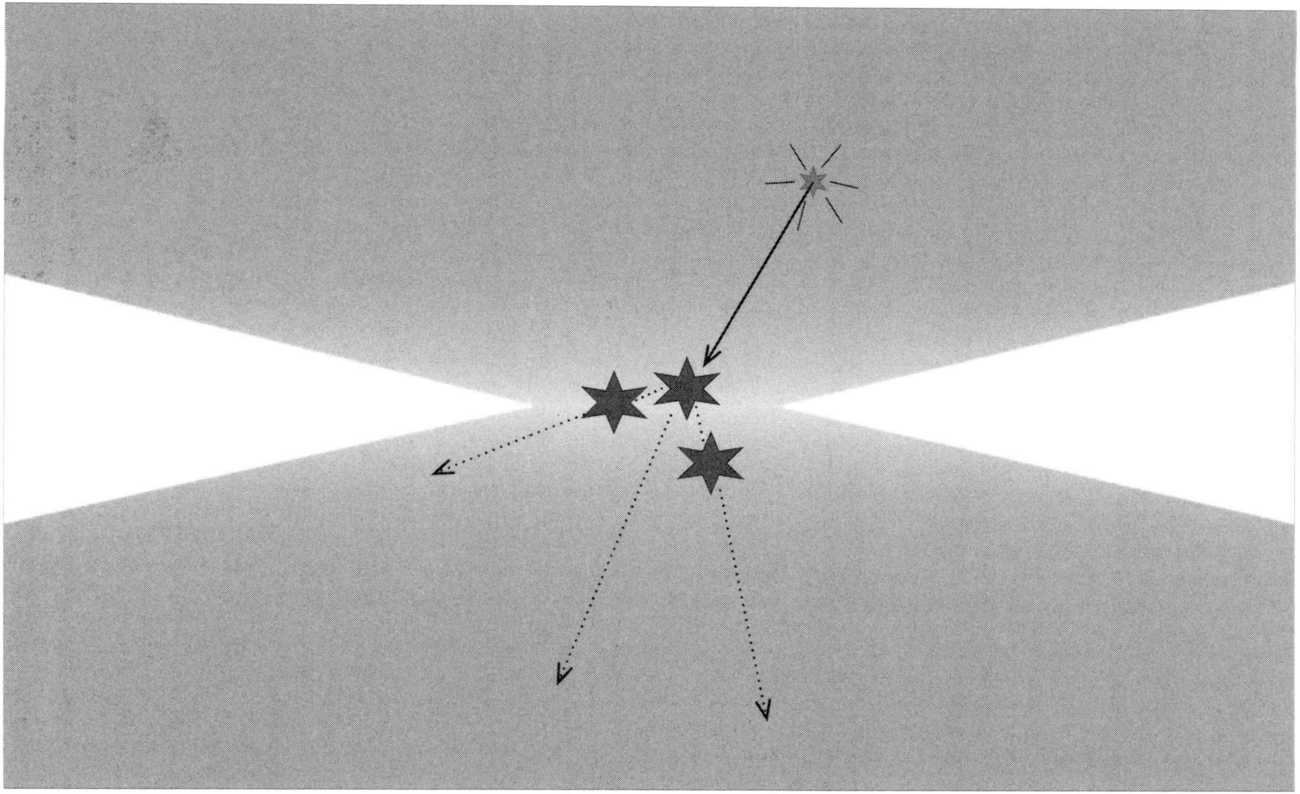

Während seines kurzen Daseins kollidiert der Lichtfunke mit anderen Funken und wechselt dabei jedes Mal seine Richtung.

Manchmal gleiten mehrere solcher Funken in gleicher Richtung „friedlich“ durch den Raum, bis sie wiederum mit anderen Funken in Berührung kommen und so die Richtung erneut wechseln.

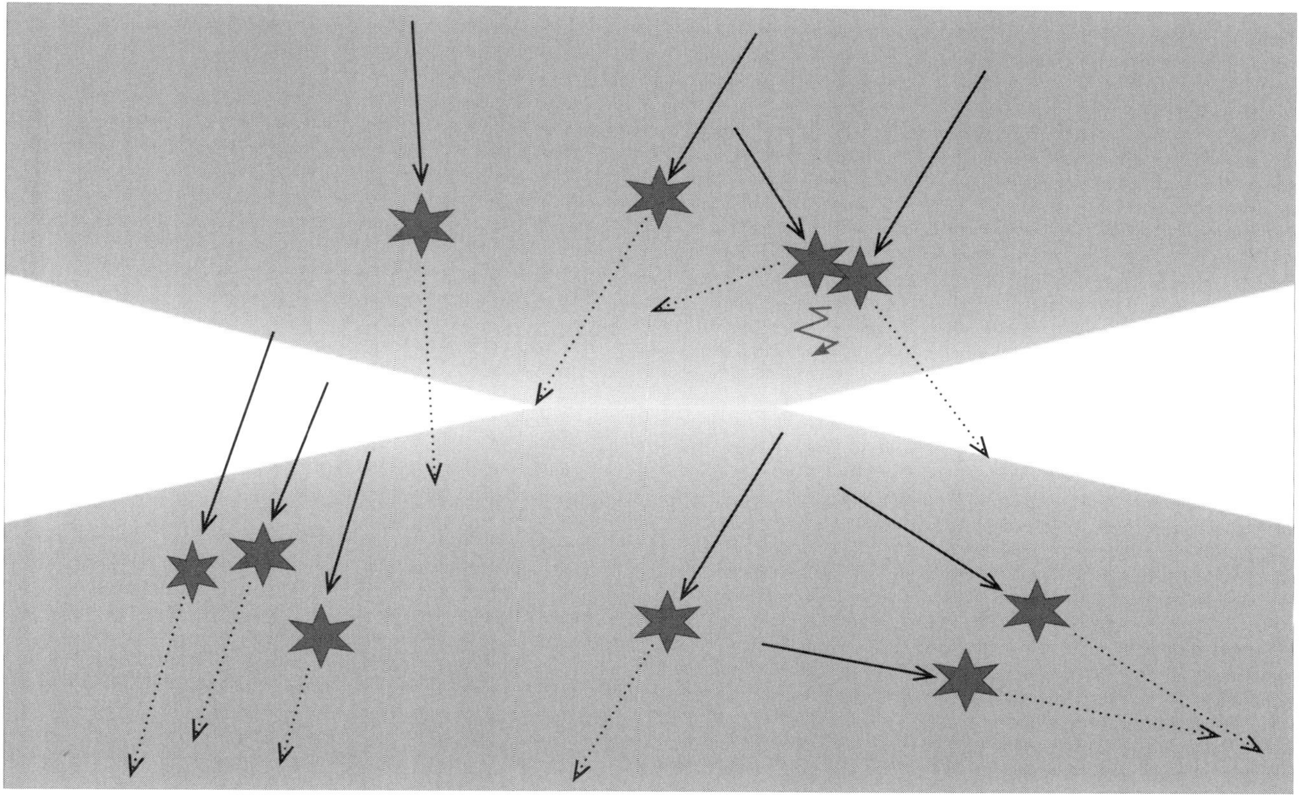

Es gibt blaue und gelbe Funken. Auf den ersten Blick hat es den Anschein, als würden sich die blauen und die gelben Funken nie in die Quere kommen, ganz so, als ob sie sich in verschiedenen Räumen bewegen würden. Aber bei genauerer Betrachtung kann man sehen, dass sie dennoch in Beziehung zueinander stehen.

Beispielsweise verursacht die Annäherung eines gelben Funkens an einen blauen eine Richtungsänderung beider Funken, obwohl sich beide nie berührt haben. Wie bei der Anziehung und Abstoßung von Teilchen in einem Magnetfeld reicht eine Annäherung des gelben an den blauen Funken aus, dessen momentane Richtung zu verändern.

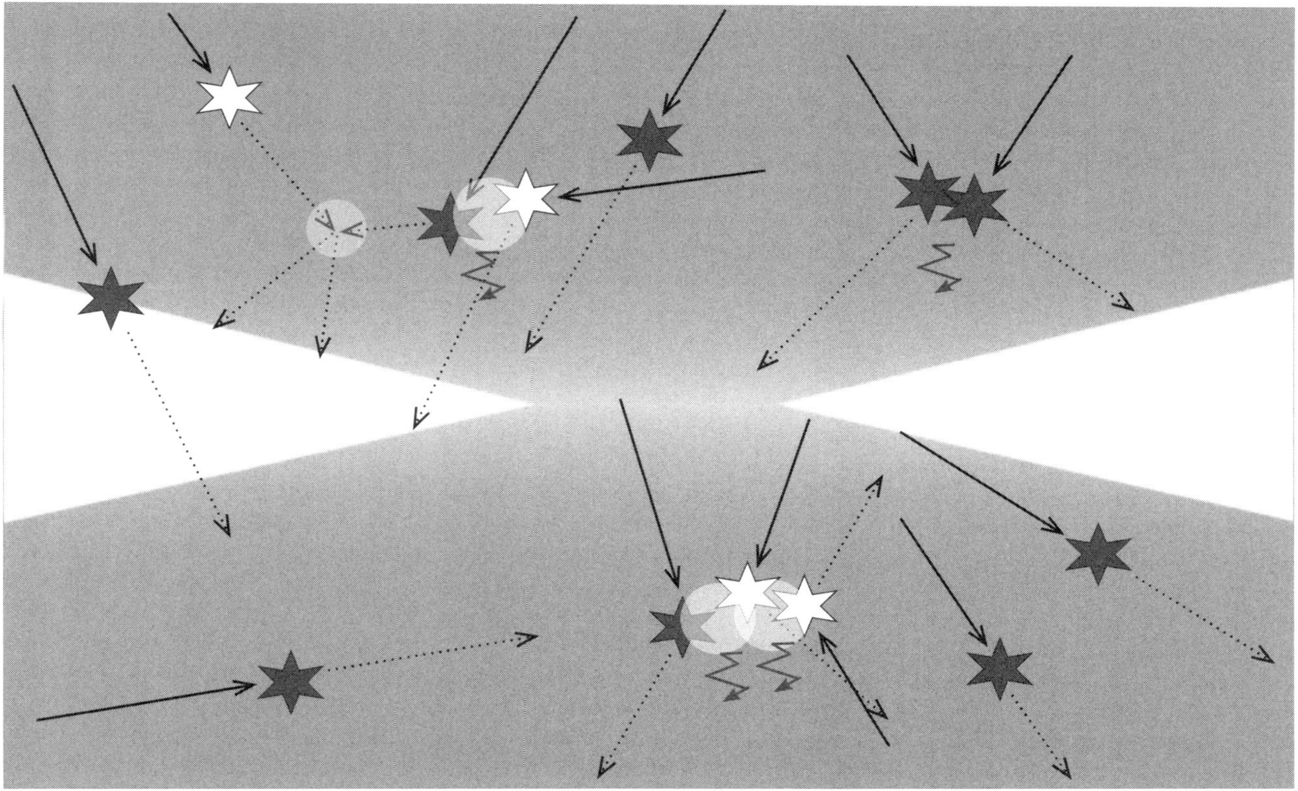

Warum ändern sie ihre Richtung? Willentlich gewiss nicht, denn keiner der Lichtfunken hat ein eigenes Bewusstsein. Die Lichtfunken werden von dem unendlichen Bewusstsein lediglich als Phänomen wahrgenommen.

Wie aber kann das unendliche und damit „ungeteilte“ Bewusstsein überhaupt wahrnehmen?

So wie ein Auge sich selbst nicht sehen kann, so kann auch das unbegrenzte Bewusstsein sich selbst nicht wahrnehmen. Und dennoch tut es das. Aber wie?

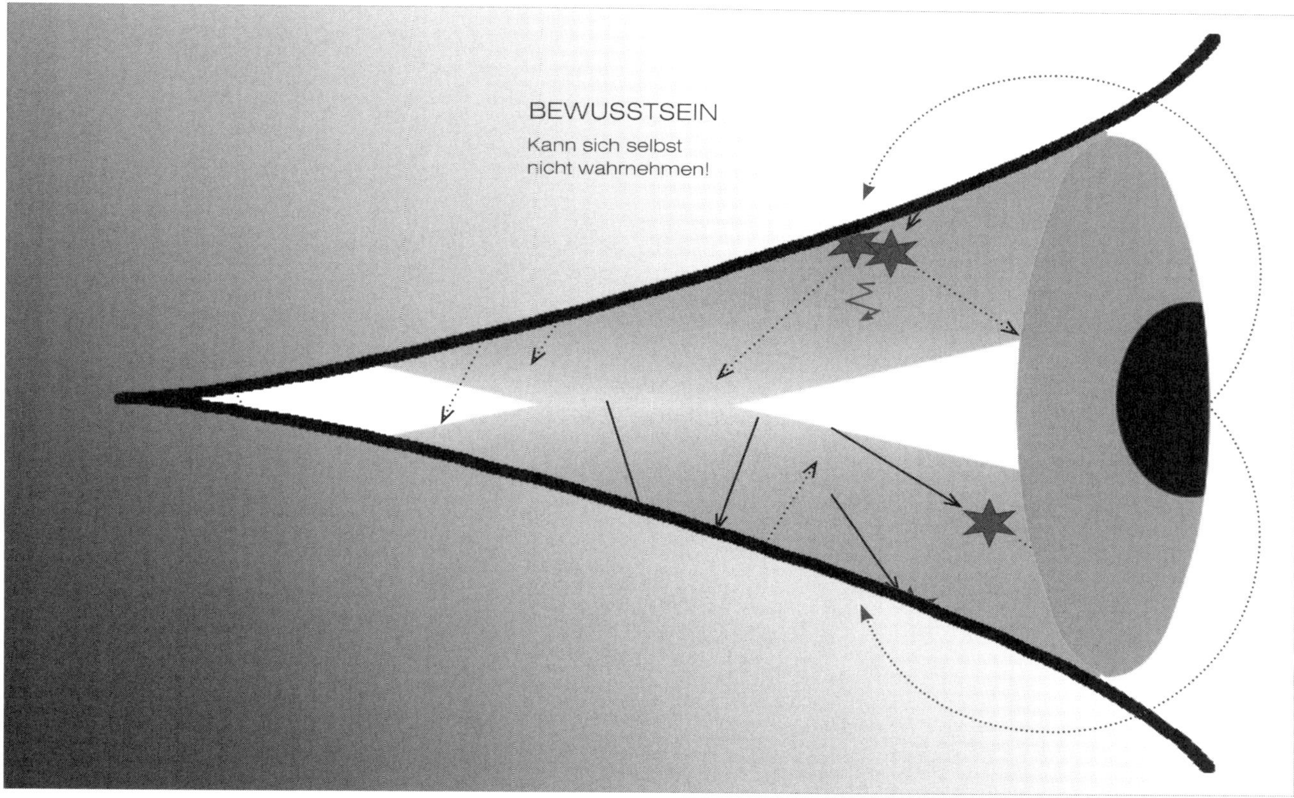
BEWUSSTSEIN
Kann sich selbst
nicht wahrnehmen!

Der „Trick“ ist simpel: Es wird sich *nur noch* eines Teils seiner selbst „bewusst“, das heißt, es „nimmt an“ (es „glaubt“), nur noch einer dieser Lichtfunken zu sein!

Bereits Galilei hatte erkannt, dass sich alle beweglichen Objekte relativ zueinander bewegen. Denn eine Position bestimmter Teilchen in einem nicht begrenzten Raum – wie in unserem Beispiel – kann nicht bestimmt werden, wenn nicht ein bestimmter Fixpunkt als „Maß aller Dinge“ angenommen wird.

Das unbegrenzte Bewusstsein also, das die Position eines einzigen Lichtfunkens einnimmt („ich bin nur dieser eine Funke“), kann nun die Bewegung der anderen Funken als relativ zu sich selbst betrachten. Es begreift sich selbst – wenn auch unter einer falschen Annahme.

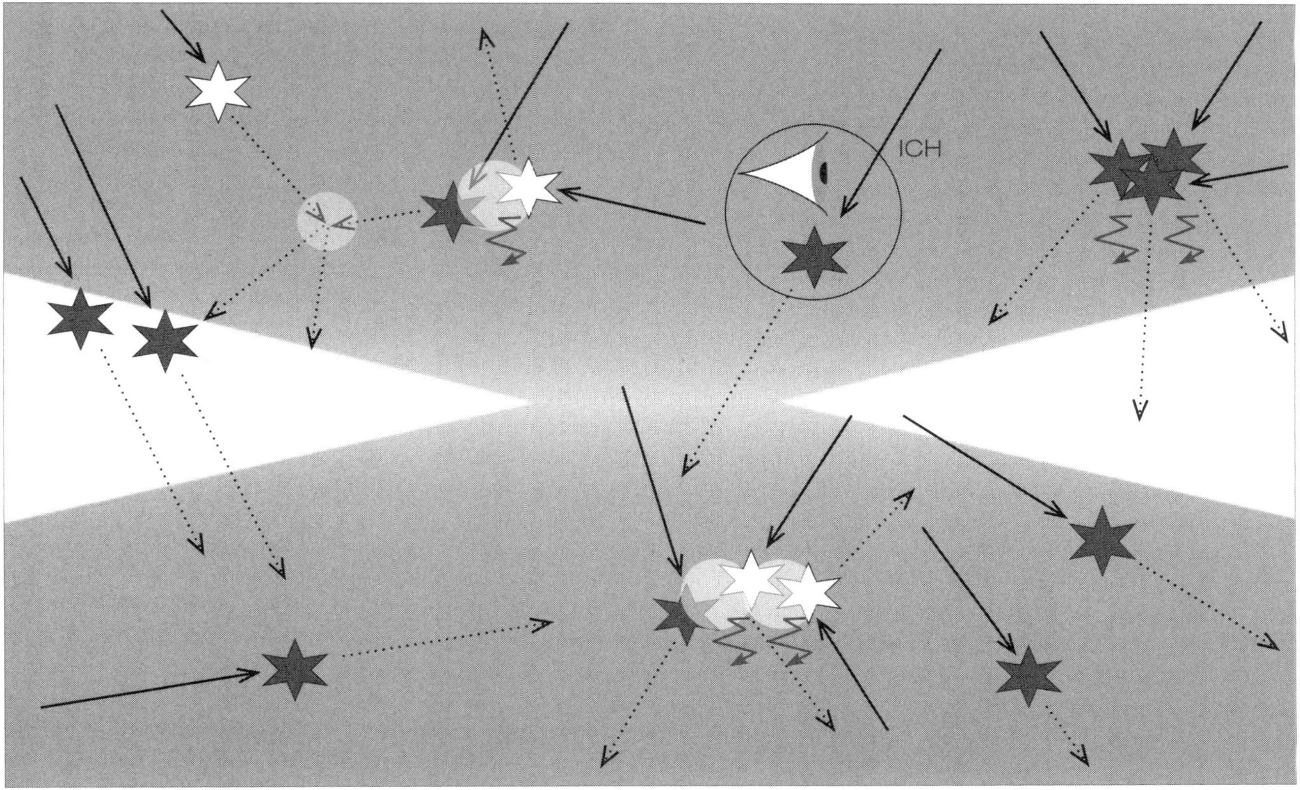
ICH

Das Bewusstsein – selbst weder vergänglich, noch in Bewegung –, das sich nun für einen einzigen Lichtfunken hält, erlebt dieses Schauspiel – wenn auch aus der falschen Perspektive.

Es erkennt das Werden und Vergehen der anderen Lichtpunkte und nimmt als *Schlussfolgerung* seine eigene Entstehung (als Lichtpunkt) und sein baldiges Erlöschen als wahr an. Es begreift sich als kurzlebiger Funke.

Das Bewusstsein glaubt zeitweise seine momentane Bewegungsrichtung als Funke im Voraus zu kennen. Es sind Zeiten, in denen dieser Lichtfunke ungestört durch den Raum wandert und dabei keiner unerwarteten Veränderung unterliegt. Sie werden vom Bewusstsein meist als angenehm empfunden. Plötzliche, unerwartete Kollisionen mit anderen Lichtfunken jedoch und die damit verbundenen Richtungswechsel werden als Störung oder aber als willkommene Abwechslung empfunden.

Obwohl der Funke ebenso wie alle anderen im endlosen Raum wandert, ist er für das Bewusstsein der Fixpunkt, von dem aus alle anderen Lichtfunken bewertet werden. Es sieht sich und seine Bewegungen als „erst einmal richtig" an und be- oder verurteilt die Bewegungen der anderen Lichtfunken.

Das unbegrenzte Bewusstsein, das sich für einen einzigen Lichtfunken halten muss, um wahrnehmen zu können, ist scheinbar zu einem „abgespalteten" Etwas geworden, das nicht mehr erkennt, dass es keinen einzigen Lichtfunken geben kann (ihn mit eingeschlossen), der etwas anderes tun könnte, als diesem kettenreaktionsähnlichen Schauspiel gemäß dem vorherrschendem Aktionsmuster zu folgen.

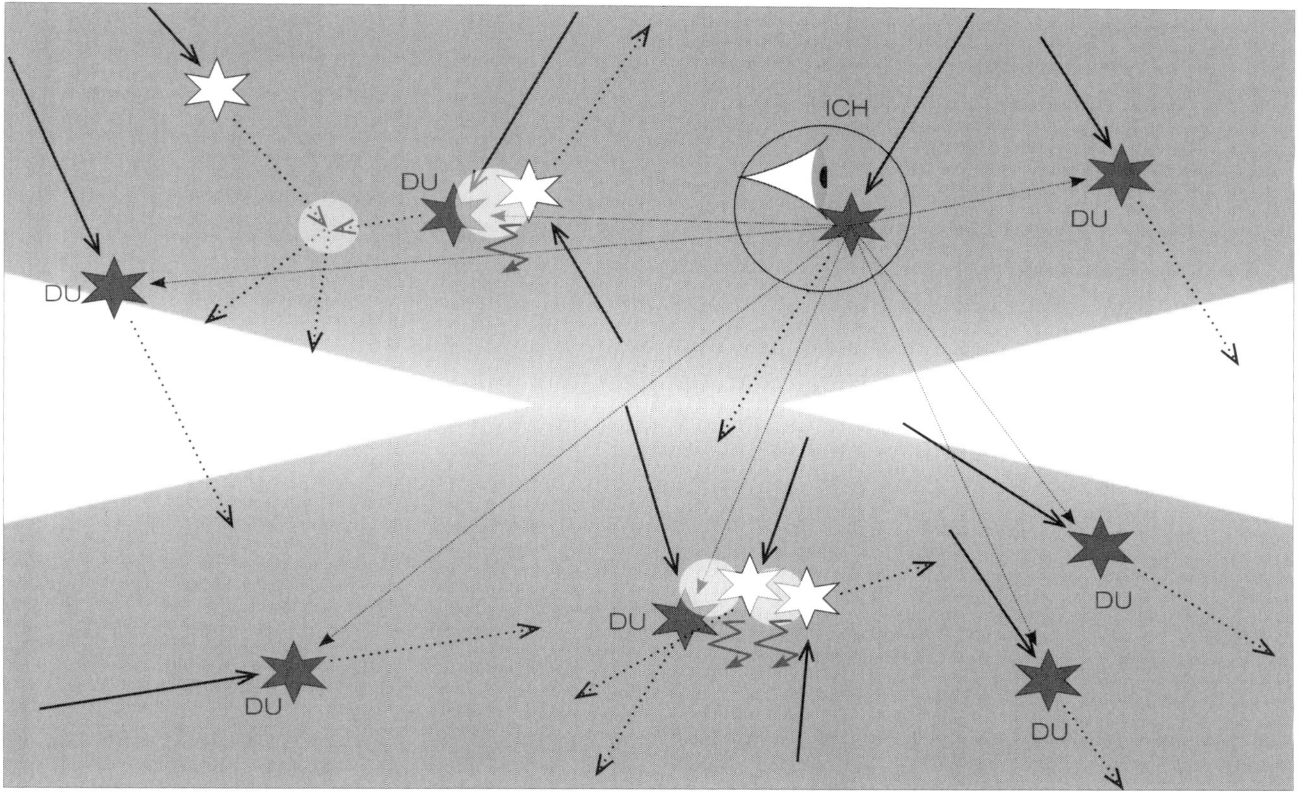
ICH
DU
DU
DU
DU
DU
DU
DU

So ist das Leben!

Wir, die wir uns für selbständig agierende Lichtfunken (Personen) halten, können nicht mehr erkennen, wer wir wirklich sind. Dass wir das unbegrenzte, unteilbare und unsterbliche Bewusstsein sind, das, um wahrnehmen und empfinden zu können, die gedachte Position eines Teils des Ganzen angenommen hat („ich bin eine Person!").

Nun glauben wir – die „blauen" Lichtfunken –, wir wären geboren worden und müssten sterben. Wir nehmen an, dass wir mit Gedanken, die aber in Wahrheit die „gelben Lichtpunkte" sind, nun unsere vorgegebene Richtung selbst bestimmen könnten, und ärgern uns, wenn andere „blaue Lichtfunken" unseren vermeintlich vorhersehbaren Weg durch Kollision verändern.

Zum Verständnis: die blauen Lichtfunken identifizieren wir fälschlicherweise als andere Personen, die gelben als unsere eigenen Gedanken!

Wir durchschauen dabei nicht, dass die „gelben" Lichtfunken genauso ihrem Weg folgen müssen* und eben nicht unsere eigenen, nach unserem Gutdünken gebastelten Vorstellungen sind.

All das passiert als ein natürlich ablaufender Prozess – wie eine endlose Kettenreaktion. Und trotzdem: solange wir glauben, ein Lichtfunke – eine Person – zu sein, können wir das einfach nicht erkennen.

* Die Frage, ob die „gelben Lichtfunken" (Gedanken) tatsächlich durch den Raum wandern oder ob sie einfach spontan entstehen und/oder sofort „nach Gebrauch" wieder erlöschen, kann nicht wirklich beantwortet werden. Es spielt aber für die hier gegebene Darstellung keine entscheidende Rolle.

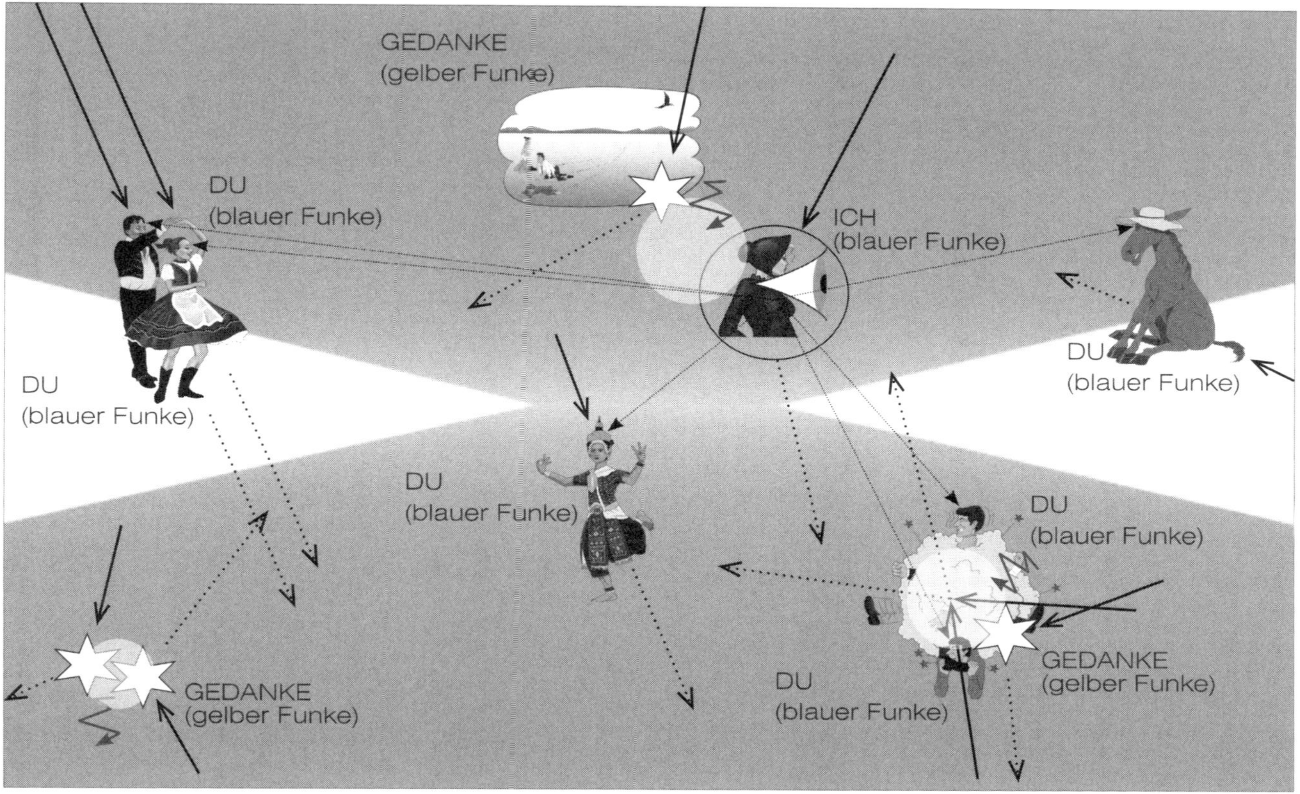
GEDANKE
(gelber Funke)
DU
(blauer Funke)
ICH
(blauer Funke)
DU
(blauer Funke)
DU
(blauer Funke)
DU
(blauer Funke)
DU
(blauer Funke)
GEDANKE
(gelber Funke)
DU
(blauer Funke)
GEDANKE
(gelber Funke)

Bewusstsein – als dimensionsloses Unendliches – beinhaltet an sich keinen Raum und keine Zeit. Und besteht auch nicht daraus. Es kann weder gedacht, gemessen noch berechnet werden. Es ist die Basis aller Erscheinungen und unvergänglich.

Raum, Zeit und alles Wahrgenommene (beispielsweise Materie) – der Inhalt des Bewusstseins also – sind drei Faktoren, die voneinander nicht getrennt werden können. Verschwindet einer dieser drei, verschwinden auch die beiden anderen. Verändert sich einer, verändern sich die beiden anderen entsprechend. Was bleibt, ist reines Bewusstsein, frei von jeglichen Inhalten.

Albert Einsteins Theorien zur „vierten Dimension", dem Raum-Zeit-Kontinuum und seinem Verhältnis zur wahrgenommenen Materie decken sich inhaltlich mit vielen Aussagen bekannter Meister der alten und neuen Philosophie.

So sagt auch *Sri Nisargadatta Maharaj* nichts anderes als Einstein und Kollegen:

In Wirklichkeit gibt es nur Wahrnehmung. Der Wahrnehmende und das Wahrgenommene sind nur ein Konzept, die Tatsache der Wahrnehmung ist wirklich.

[Sri Nisargadatta Maharaj]*

Es ist nicht nötig, sich mit den Gleichungen der Relativitätstheorie oder der Quantenmechanik im Detail auseinanderzusetzen, um diesen Sachverhalt verstehen zu können. Ein einfaches Erkennen dessen, *was ist* (und eben nicht dessen, was angenommen wird!), reicht aus, der Wahrheit intuitiv ein Stück näher zu kommen.

Denn: Mit jedem Einschlafen erfahren wir, dass sowohl die Vor-Stellung von Raum als auch die Vor-Stellung von Zeit wie auch die Wahrnehmung von Materie (die Welt) gemeinsam verschwinden. Und mit jedem Aufwachen erfahren wir, dass alle drei – Raum, Zeit und Materie – gemeinsam erscheinen.

Was also sind wir? Reines Bewusstsein – unsterblich, unendlich und unbegrenzt. Um „sich

* Ich bin

selbst" wahrnehmen zu können, erschafft es simultan Raum, Zeit und Inhalte. Und glaubt im gleichen Moment – es muss es sogar glauben –, nur ein Lichtfunke (eine getrennte Person) zu sein. Denn nur von diesem relativen Standpunkt der Person aus kann es „den Rest seiner selbst" *sehen* und *erleben*.

Diese Illusion ist die perfekte Täuschung, die sich das eine Bewusstsein selbst auferlegt, sogar auferlegen „muss"! Und trotzdem ist es möglich, sich des reinen Bewusstseins, das man ist, wieder gewahr zu werden. Einfach indem man erkennt, dass die Position in der Person (dieser vergängliche Lichtfunke), die man glaubt zu sein, nur die *angenommene* Position innerhalb dieses Lebensschauspiels ist, damit Wahrnehmung überhaupt stattfinden kann.

Dann, wenn alle Fragen des Warums und Wiesos aufgehört haben, wenn nicht mehr versucht wird, die Zukunft durch Gedanken zu beeinflussen (die gelben Lichtfunken verändern zu wollen), erkennt sich das ungeteilte Bewusstsein wieder als das, was es ist.

Durch die permanente Weigerung, eine Person sein zu wollen, und die strikte Geisteshaltung als Beobachter, geschieht eines Tages – völlig überraschend – die Befreiung: Die immer noch im Inneren schwelende Idee, eine Person – ein persönliches Ich – zu sein, löst sich urplötzlich auf. Man erkennt von einem Moment zum nächsten den illusionären Charakter dieser Welt und „erfährt" auf unerklärliche Weise eine unendliche Weite, die für den Verstand nur noch als „Leere" oder „Nichts" einzuordnen ist. Im Volksmund nennt man diesen Moment für gewöhnlich „Erleuchtung" oder „Erwachen".

... ist alles, was lebt,
was da geht und fliegt und was bewegungslos,
— alles dies ist vom Bewußtsein gelenkt,
im Bewußtsein gegründet;
vom Bewußtsein gelenkt ist die Welt,
das Bewußtsein ist ihr Grund,
das Bewußtsein ist Brahman![1]

[Rigveda – Aitareya-Upanishad 3.3]*

[1] Brahman: Synonym zu Atman [dem Selbst], das Prinzip der Welt, das Absolute

* Sechzig Upanishad's des Veda

Dauer-
Baustelle

Was man weiß, nimmt die Gestalt einer Person an, basierend auf Erinnerungen und Gewohnheiten.

[Sri Nisargadatta Maharaj]*

* Ich bin

Ein Puzzle ist erst dann ein Puzzle, wenn alle Teile definiert sind. Jedes Einzelteil hat seinen festen Platz innerhalb des Gesamtbildes.

Fehlt auch nur ein Teil, so kann das gesamte Puzzle nicht fertig gestellt werden.

Der gesamte Inhalt des Bewusstseins – das Universum, Gedanken und Gefühle also – ist vergleichbar mit einem sich ständig verändernden Puzzle. Für den Verstand müssen in jedem Augenblick alle wahrnehmbaren Teile zusammenpassen und ein schlüssiges Gesamtbild ergeben.

So fügt der Verstand *in jeder Sekunde* die gerade fehlenden Teile – die Dinge, die er nicht verstehen oder erkennen kann – in Form von Mutmaßungen und Spekulationen hinzu. Er formt *auch* seine Erinnerungen – alles Gedanken im *Jetzt* – entsprechend.

Solange man glaubt, man wäre eine einzelne Person, geschieht das von diesem Standpunkt aus. Das eine Puzzlestück (die Person) sieht sich als Mittelpunkt seiner Welt und definiert sich als Etwas („ich bin ein Mann", „ich bin erfolgreich", „ich bin gut" usw.)

Die Person „baut" sich in jeder Sekunde neu. Der Verstand bezieht alles, was er sehen, fühlen oder hören kann, blitzartig auf sich selbst – einen „gedachten" Mittelpunkt – einzig, um sich seine Existenz zu beweisen. Hört „man" damit auf, ist keiner mehr da.

Dabei – und doch völlig unbemerkt – definiert die Person zugleich auch die restlichen Teile des Puzzles und kreiert somit ein einziges Ganzes – genannt Weltbild!

Umgekehrt ist es genauso: Wird nur der „Rest" des Universums definiert (beispielsweise, wie andere im Gegensatz zu mir sein sollen, wie die anderen sind), definiert sich damit vollautomatisch auch die Person.

„Ich“
Person
Restliches Universum

Bleibt man in der Position des Beobachters – sieht man sich also als das eine Bewusstsein der Welt (des gesamten Puzzles), wird klar, dass es in Wahrheit nur *eine* Gesamtdefinition des Ganzen geben kann. Ereignisse, die einem „persönlich" erschienen, sind dann nur noch Ereignisse innerhalb des einen Bewusstseinsstroms und werden nicht mehr „persönlich" genommen.

Wird jegliche Definition des Bewusstseinsbildes beendet – wie etwa beim Einschlafen –, so löst sich das gesamte Universum auf.

Das Universum ist nichts anderes als eine Erscheinung im Bewusstsein, die nur so lange aufrechterhalten werden kann, wie sie „definiert" wird. Auch wenn die ganze Angelegenheit „durchschaut" wurde, definiert der eine Verstand munter weiter – aber es wird nichts mehr auf „sich selbst" bezogen: die Idee der eigenen Person und eines „persönlichen Universums" ist nicht mehr da.

Das Universum – der Inhalt des Bewusstseins

Ich weiß, dass ich nichts weiß!

[Sokrates]

Welt-Empfänger

Da ich nichts bin, bin ich alles.
Alles bin ich, alles ist meins.
So wie lediglich der Gedanke an Bewegung
den Körper in Bewegung versetzt,
so geschehen die Dinge, wenn ich an sie denke.
Aber ich tue nichts, ich nehme wahr, wie sie geschehen.

[Sri Nisargadatta Maharaj]*

* Ich bin

Wechseln wir noch einmal die Perspektive und betrachten das Leben nicht aus der Sicht der vermeintlichen Person, sondern aus der Sicht des einen Bewusstseins.

Als das eine Bewusstsein sind wir von nichts getrennt. Alles ist dann „ich".

Um die Welt *erfahren* zu können, brauchen wir aber einen Körper. Allerdings *sind* wir nicht dieser Körper. Er ist *nur* der Apparat – gewissermaßen eine Ansammlung von Sensoren und Antennen – mit dessen Hilfe wir diese Welt wahrnehmen.

Was immer wir über die Sinne des Körpers erfahren, ist keine „persönliche" Erfahrung, sondern die Erfahrung der gesamten Welt, die der Körper über seine Antennen und Sensoren an das Bewusstsein „weiterleitet".

Solange wir glauben, dass etwas, das wir spüren oder empfinden, eine „persönliche" Erfahrung ist, irren wir uns. Obwohl es uns *immer* als „persönlich" vorkommen wird!

Aus der Sicht des Bewusstseins – oder aus der distanzierten Beobachtung heraus – wird schnell klar, dass jede momentane Erscheinung des *Gesamtbildes* einfach eine sensorische Reaktion hervorruft, die der Verstand dann auswertet. Diese Interpretation aber ist geprägt von Erinnerungen, damit bereits Vergangenheit und demnach unwirklich.

Unterliegt man dem Irrtum, man *wäre* dieser Körper, glaubt man sich zwangsläufig auch als Person. Und nimmt das Geschehnis und die empfangenen Impulse (Sehen, Hören, Riechen usw.) samt dem ausgewerteten Ergebnis als wirklich und persönlich an.

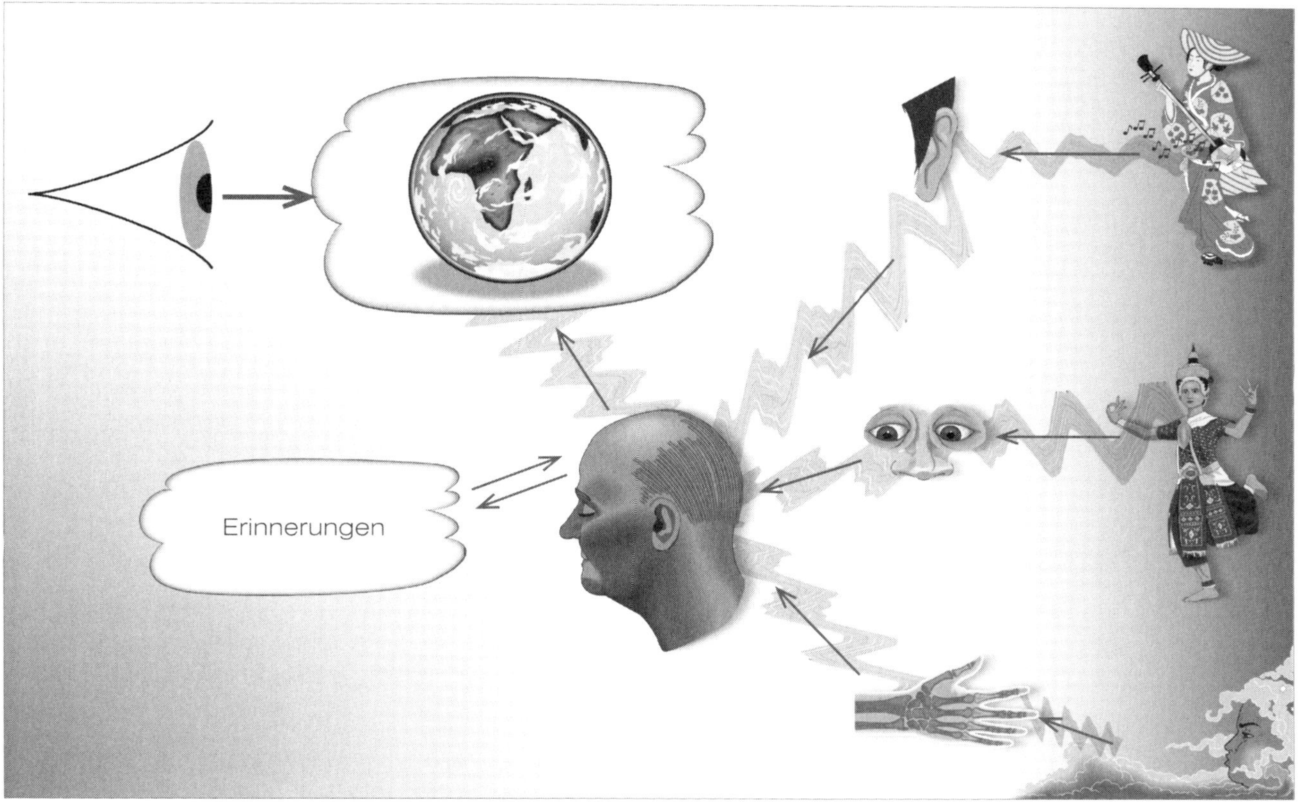
Erinnerungen

Der Verstand wirkt wie ein Projektor. Er nimmt das Momentane durch die Sensoren des Körpers wahr. Zusammen mit seinen Erinnerungen wertet er die Daten aus und erzeugt ein Vorstellungsbild über die Zukunft. Dieses Vorstellungsbild wird augenblicklich auf die Leinwand „des Lebens" – die *Leere* – geworfen und sofort wieder über die Sensoren des Körpers empfangen. Ein vollkommen automatisierter Ablauf.

Sich dieses Ablaufes – an dem kein Wesen willentlich beteiligt ist – gewahr zu sein, befreit vom „Persönlichen" und lässt einem das Universum als das erscheinen, was es ist:

Ein „mir" – dem Bewusstsein – erscheinendes Schauspiel, traumähnlich und nicht wirklich!

Jetzt
Jetzt
Verstand
Erinnerungen
Zukunfts-
vorstellung
Zeit

**Der Körper erscheint in Ihrem Verstand,
und Ihr Verstand ist der Inhalt Ihres Bewusstseins.**

**Sie sind der unbewegliche Beobachter des Bewusstseinsstroms,
der sich stetig verändert, ohne Sie in irgendeiner Weise zu verändern.**

**Ihre eigene Unveränderlichkeit ist so offensichtlich,
dass Sie sie nicht wahrnehmen.**

[Sri Nisargadatta Maharaj]*

* Ich bin

Wenn es nicht deine Welt ist, wessen dann?
Finde *den* zuerst, bevor du *nur* glaubst!

Paul Deussen, Dr. – Sechzig Upanishad's des Veda
F.A. Brockhaus, Leipzig, 1905

Swami Vivekananda – Jnana-Yoga
Rascher, Zürich, 1949

Albert Einstein – Ideas & Opinions
Gramercy Books, 1988

Karl Valentin – Kurzer Rede langer Sinn
Piper, München, 1990

Sri Nisargadatta Maharaj – Ich bin (Teil I/II/III)
Kamphausen, Bielefeld, 1997/1998/2003

Weisheiten von Nisargadatta Maharaj
Kamphausen, Bielefeld, 2004

Jürgen Neffe – Einstein – Eine Biografie
Rowohlt, Reinbek/Hamburg, 2005

Was immer du über mich denkst, so werde ich sein. Denn diese Gedanken können nur deine sein.

Und wie immer du mich sehen willst, du schaust letztendlich in dich selbst. Denn … ich bin doch nur du.

Die Welt ist das Spiegelbild deiner selbst. Also kann auch ich nur Teil deines Spiegelbildes sein.

Nichts weiter!

Zum Thema des Buches gibt es Seminare und Workshops mit dem Autor.

Er berät Suchende auch in Einzelgesprächen.
Mehr Informationen – auch über Neuerscheinungen – erhalten Sie unter: www.nisarga.de

Nisarga

Das Erkennen des wahren Selbst

Nisarga bedeutet "natürlich, Natur, spontan, der natürliche Zustand". Das Buch beschreibt den direkten Weg zum Erkennen des wahren Selbst.

Du bist immer du selbst! Aber wo ist das Ich hin, wenn du eingeschlafen bist? Beim Einschlafen verschwinden alle Gedanken, und damit die Welt, dein Ich und alle Sorgen und Ideen über die Welt.

Und dennoch wirst du mir zustimmen, dass du auch nachts existiert haben musst! Aber wer hat da nachts eigentlich existiert, wenn du doch gar nicht da warst? Es ist das, was man als das wahre Selbst bezeichnen kann. Aber was ist das Selbst? Wie erreicht man es? Wie erkennt man es?

Nisarga zeigt den Weg zum Selbst anschaulich und einfach.

320 Seiten, Hardcover, nicht im Handel erhältliche Sonderausgabe, erhältlich bei www.nisarga.de

Nur wer schlecht träumt, will erwachen ...

Eine Erzählung über das Erwachen

Es gibt keine zwei identischen Wege hinein in das Mysterium des Unbekannten. Und dennoch, am Ende treffen wir uns alle dort, wo das allumfassende Nichts beginnt und das alte Weltbild endet.

Hermann R. Lehner suchte über 20 Jahre nach diesem geheimnisvollen *ES*, wurde von so genannten „Wissenden" immer wieder auf die falsche Fährte geführt, bis er sich letztendlich entschied, keiner These mehr zu vertrauen.

„Erwachen" geschieht plötzlich, dann nämlich, wenn die Suche aufhört! Aber lesen Sie selbst.

(Incl. der Originalübersetzung der Mandukya-Upanishad und der Mandukya-Karika.)

200 Seiten, Paperback, ISBN 3-929046-61-x, Spirit Rainbow Verlag, Aachen

Was suchst du?

- Bestseller -

Ein Arbeitsbuch zum Erwachen

Im ersten Teil des Buches wird der ernsthafte Leser durch Selbsterforschung und Selbsterkenntnis in tiefste Zweifel über sich selbst gezogen werden und somit in die Lage versetzt, das Ziel seiner Suche unter einem neuen, vielleicht ungewöhnlichen Licht zu betrachten.

Im zweiten Teil werden die tieferen Zusammenhänge unserer Suche erklärt und der Leser wird erkennen können, dass Erwachen, Erleuchtung usw., mit Sicherheit etwas ganz anderes ist, als allgemein angenommen wird.

Ziel ist es, die falschen Vorstellungen zu beseitigen und dem Leser das zu ermöglichen, was wirklich erreicht werden kann.

200 Seiten, Paperback, ISBN 3-929046-76-8,
Spirit Rainbow Verlag, Aachen

Das Ende aller Suche

Worte ersetzen nur den Glauben in dich selbst!

Der Inhalt dieses Buches besteht aus einhundertsiebenundvierzig Worten. Fast schon zu viele.

Denn am Ende deiner Suche erreichst du etwas, das jenseits aller Wörter ist.

Was bleibt, ist das Leben, das einfach nur gelebt werden will!

Mit 24 Digital-Tuschegrafiken

52 Seiten, Paperback, ISBN 3-937568-18-2,
Spirit Rainbow Verlag, Aachen

Jed McKenna

Spirituell unkorrekte Erleuchtung

Ausbrechen in die Freiheit

Spirituell unkorrekte Erleuchtung ist kein Sachbuch wie jedes andere. Der Autor erweist sich als brillanter Erzähler, scharfsinniger Beobachter und als Meister der Desillusionierung. Er wird schockieren, wachrütteln oder gar erleuchten, doch garantiert niemanden kalt lassen!

Das Ausbrechen in die Freiheit nondualen Bewußtseins ist für Jed McKenna ein „spirituell unkorrekter" Vorgang: Spiritualität nährt das Ego, Erleuchtung löscht die falsche Identifikation mit dem Ich für immer aus. In seinen schonungslosen Demaskierungen zeigt der Autor, wie die Ego-Verhaftetheit uns in einem Käfig beschränkender Vorstellungen gefangenhält und unser Sein auf Kindergartenniveau reduziert. Ums Erwachsenwerden geht es McKenna und ums Erwachen zu unserem grenzenlosen Potential.

ca. 320 S., geb. m. Schutzumschl., ISBN 3-930243-34-2
Omega-Verlag, Aachen, ca. € 19,80 [D], ca. SFr 35,20

Franz A. Koch

Alles kann sich ändern

Mit der 3-Schritte-Technik die persönliche Realität gestalten

Alles ändert sich, nichts bleibt, wie es ist. Wenn sich sowieso alles ändert, warum dann nicht gleich zu unseren Gunsten? Der Autor zeigt, wie dies jederzeit möglich ist.

Franz A. Koch erzählt Geschichten aus dem Leben, berichtet von Schwierigkeiten, Nöten und Problemen, die mit Hilfe einer einfachen 3-Schritte-Technik zum Guten verändert werden können. Durch ein kleines, individuell gestaltbares Ritual wird diese Übung im Unterbewußtsein verankert, das die gewünschte Realitätsveränderung im Kontakt mit dem Universum bewirkt. Ausführlich erläutert wird das magisch-schamanische Weltbild, das dieser Methode zur Realitätsveränderung zugrunde liegt.

Ein inspirierendes Buch für alle, die ihr Leben ähnlich wie die „Besteller beim Universum" à la Bärbel Mohr selbst gestalten möchten.

ca. 240 S., gebunden, ISBN 3-930243-33-4
Omega-Verlag, Aachen, ca. € 11,50 [D], ca. SFr 20,90

Werner Ablass

Leide nicht - liebe

Über die Liebe zur Liebe ohne Objekt

Alles im Kosmos basiert auf Schwingung und Resonanz. Wer leidet, befindet sich auf einer tiefen Schwingungsebene und zieht dementsprechend negative Lebensumstände an. Wer liebt, schwingt auf der höchstmöglichen Schwingungsebene und wird dadurch automatisch zum Magneten für Harmonie, Glück und Erfolg.

Dieses Buch zeigt, wie man trotz aller Widrigkeiten im Alltag in die Schwingung von Agape gelangt – einer Liebe, bei der das Objekt völlig zweitrangig ist. Das heißt: Es geht nicht darum, WAS man liebt, sondern darum, DASS man liebt – weil es einem dabei soooo gut geht!

„Lerne die Liebe zu lieben - und du wirst auf eine Goldader stoßen!"

204 S., geb. m. Schutzumschl., ISBN 3-930243-30-X Omega-Verlag, Aachen, € 10,80 [D], SFr 19,80

Werner Ablass

Liebe ist die Lösung

Wer sich darin übt, alles zu lieben, für den löst sich so manches Problem wie von allein – entweder im Außen oder in ihm selbst. Meistens sind nicht die unliebsamen Situationen, Umstände und Menschen das eigentliche Problem, sondern die Art, wie wir sie betrachten und mit ihnen umgehen. Werner Ablass zeigt uns einen Weg, besser mit alltäglichen und außergewöhnlichen Widerständen umzugehen: Indem wir uns darin trainieren, negative Emotionen und Lebensumstände liebend zu akzeptieren, lösen wir uns aus unserer Verhaftung und gewinnen so eine neue Perspektive: die des liebenden Beobachters, der unser wahres Selbst ist.

Das Buch vertieft das bereits in *Leide nicht - liebe* skizzierte Agape-Konzept, geht im 2. Teil aber noch weit darüber hinaus.

230 S., geb. m. Schutzumschl., ISBN 3-930243-32-6 Omega-Verlag, Aachen, € 11,80 [D], SFr 21,30

Bärbel Mohr

Bestellungen beim Universum

Ein Handbuch zur Wunscherfüllung

Bestellungen beim Universum ist ein Handbuch zur Wunscherfüllung. Bärbel Mohr zeigt, wie man sich den Traumpartner, den Traumjob oder die Traumwohnung und vieles mehr einfach „herbeidenken“ und quasi beim Universum „bestellen” kann. Sie bringt dem Leser bei, auf seine innere Stimme zu hören, sich selbst gegenüber eine stärkere Verpflichtung einzugehen und sein Leben insgesamt positiver zu gestalten. Zahlreiche kleine Anekdoten und Parabeln durchziehen das humorvoll geschriebene Büchlein, das durch Lebenstips für jeden Tag abgerundet wird.

Ein ideales Geschenkbändchen, das einen auf sonnige Gedanken bringt.

140 S., gebunden, ISBN 3-930243-13-X
Omega-Verlag, Aachen, € 10,20 [D], SFr 18,80

Bärbel Mohr

Reklamationen beim Universum

Nachhilfe in Wunscherfüllung

Was tun, wenn man beim Universum etwas bestellt hat, und die Lieferung läßt auf sich warten? Nicht neu bestellen, sondern reklamieren, rät Bärbel Mohr. Wo? Natürlich beim Universum! Wie das geht, erfahren Sie in dieser „Nachhilfe in Wunscherfüllung“.

Ein Selbsttest gibt Hinweise auf das, was man möglicherweise beim Bestellen falsch macht. Viel lernen kann der Leser auch aus Bärbels Antworten auf häufig gestellte Fragen zu ihren Büchern. Wie man seine Intuition und damit auch seine Fähigkeit zur Lieferannahme schärft, vermittelt ein Wochenplan mit Übungen für jeden Tag. Und für alle, die Rituale lieben, gibt es zum Schluß noch das „Fun-Bestellformular“.

192 S., gebunden, ISBN 3-930243-24-5
Omega-Verlag, Aachen, € 10,20 [D], SFr 18,80